史料纂集

三箇院家抄　第一

三箇院家抄 第一（十一紙裏・十二紙表）

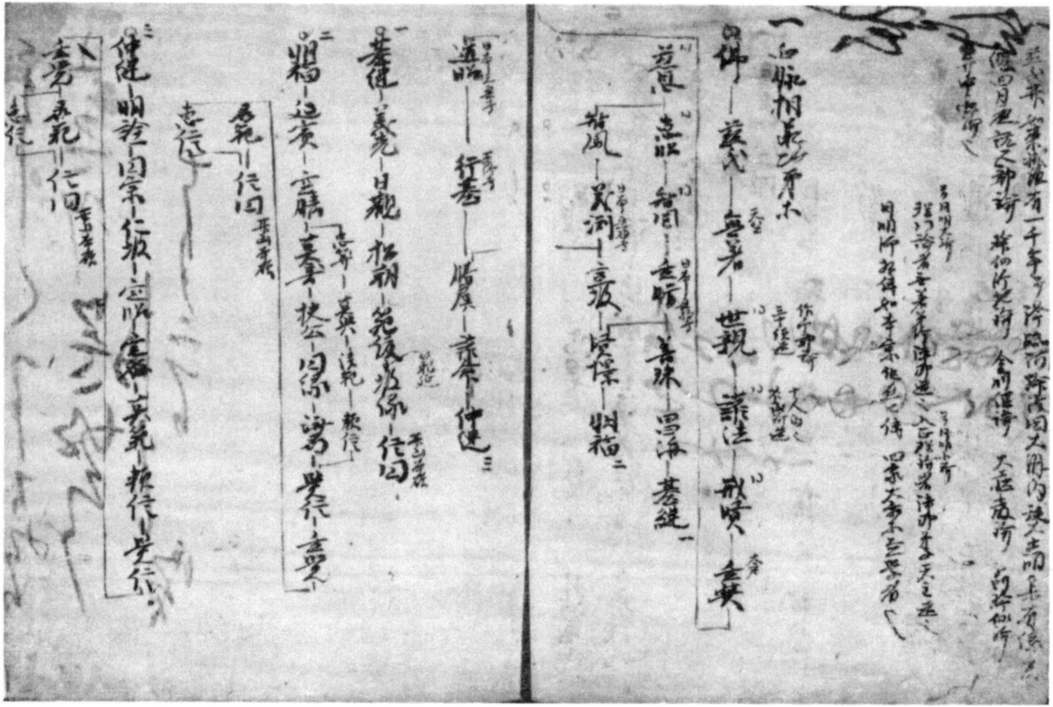

國立公文書館内閣文庫所藏

凡　例

一、史料纂集は、史學・文學をはじめ日本文化研究上必須のものでありながら、今日まで未刊に屬するところの古記錄・古文書の類を中核とし、更に既刊の重要史料中、現段階において全面的改訂が學術的見地より要請されるものをこれに加へ、集成公刊するものである。

一、本書は興福寺別當・大乘院第二十世門跡尋尊（永享二〈一四三〇〉年生、永正五〈一五〇八〉年寂）の記錄で、原本は內閣文庫の所藏にかかる。

一、本書は、「三箇院家抄」と題し、四冊存する。刊本は二冊を豫定し、第一卷たる本册にはその第一・三・四を收めた。册割の都合上、第二は次卷に收める。

一、校訂上の體例については、本叢書では、その史料の特質、底本の性格・形態等により必要に應じて規範を定めることがあり、必ずしも細部に亙つて劃一統一はしないが、體例の基準は凡そ次の通りである。

1　翻刻に當つてはつとめて原本の體裁を尊重する。

2　文中に讀點（、）・竝列點（・）を便宜加へる。

3　原本に缺損文字の存する場合は、その字數を測つて□□□で示す。

4　抹消文字には一様に左傍に抹消符（ﾐ）を附し、塗抹により判讀不能の場合は▒を用ゐる。

5　校訂註は、原本の文字に置き換へるべきものには〔　〕、參考又は説明のためのものには（　）をもつて括る。

6　上欄に、本文中の主要な事項その他を標出する。

7　插紙及び插入文書は項目の末尾に「　」をもつて便宜移し、追筆は「　」をもつて括る。

8　朱筆については、その書入れを『　』、線は┆、丸は◌、點は⊙をもつて示す。

一、本書の翻刻に當つては、つとめて原本の體裁・用字を殘したが、次の諸點は便宜原形を改めた。

1　文字の上に重ね書きした箇所は、後に書かれた文字を本文に採り、その左傍に・を附し、下の文字に×を冠して右傍に註した。

2　原本に用ゐられた古體・異體等の文字は、正體若くは現時通用の字體に改めた。その主なものは次の通りである。

軄→職　撿→檢　挍→校　㝡→最　螎→融　斗→計　舛→升　献→獻　至→巫　杪→杓

才→等

3　略體の文字は、原則として正體若くは現時通用の字體に改めたが、字體の甚だしく異るもの、或は頻出するものなどは原本の字體を存した。その主なものは次の通りである。

宝(寶)　欤(歟)　号(號)　粁(料)　筭(算)　条(條)　躰(體)　称(稱)　珎(珍)　役(役)

円(圓)　弁(辨・辯)　弥(彌)　陁(陀)　乱(亂)　祢(禰)　𦬇(菩提)　ア(部)

4　原本の用字が必ずしも正當でなくとも、それが當時一般に通用したと思はれるものにはあへて註を施さなかつた。

5　原本の丁替りは紙面の終りに當る箇所に」を附して示し、且つ新紙面に當る部分の行頭に、その丁附及び表裏の區別を（1オ）（1ウ）の如く標示した。

一、本書の公刊に當つて、内閣文庫は種々格別の便宜を與へられた。特に記して深甚の謝意を表する。

一、本書の校訂は、小泉宜右・海老澤美基の兩氏が專らその事にあたられた。併せて銘記して深謝の意を表する。

昭和五十六年八月

續群書類從完成會

目次

三箇院家抄　第一

（表紙題簽）
「三箇院家抄　一」

（原表紙、自筆）

『院家相承雜事』
三箇院家抄第一

大乘院

○二紙白紙、

（3オ）
「(挿入文書)國儀靜謐まて京邊ニ候て、囉菜近々可沙汰旨存候、懇委細承候、悦入候、自三宝院夏装(黒)
束事難去被申候間、木阿急可下向由仰令急間、猶省畧候、重可申承候、謹言、

七月十七日　」

（4オ）
一三ヶ院家相承次第并𦬇山・長谷寺・內山(永久寺)等事
一法乗院相承次第并河口庄(越前坂井郡)・東御塔・北円堂供等事
一藥師寺傳教院相承次第并若槻(添上郡)・高田(添下郡)・新木(同上)・外河(同上)等庄々事
一北院二階堂等相承次第并山內以下負所米等事
一兩門跡(一乗院・大乗院)以下院務并血脉相承次第
一代々御師範并同學事
一大乘院別當職次第、坊官職也、
一同雜務補任次第、坊官・侍之間也、号御後見、
（4ウ）
一同年中臨時□(調)進帳」
一諸庄京上人夫・傳馬帳　同奈良巡人夫等帳
一反錢庄号　同大會威儀供庄号　同下司・公文等白布帳

一諸末寺御用錢寺々
一巡湯帳御風呂頭年中
一御疊用途帳十二月
一木守米帳宿直米年中
一供御所御菜用途帳年中
一院仕御菜米帳年中
一御薪帳年中
一御炭帳九月九日以來」
（5オ）
一御服藥方二季彼岸
一御油帳年中
一瓜京上等六月
一柿京上等九・十月
一菓子京上等十二月
一御茶進上方
一御馬飼帳
一御牛飼帳
一赤土器座給分
一塗師給田
一經師給田付新宮社方、
一檜物師給田
一繪所給田
一上番法師給田
一沙汰人給田号勾當田、
一銅細工給田
一田舍御童子給田
一郡奉行事」
（5ウ）
一龍花院御所奉行
一法乘院御所奉行

一新宮田等

一社頭御師方

一知院事給分

一火鉢作給田

一前節米帳御後見方

一上・下北面等給田

一同諸職等事

一御童子・力者等給田

一非衆別給

一坊官・侍給分

一諸院家并西座給分

一山寺以下給分、寄進方〻事

一出世・〻間諸奉行等事

一諸行事

一御洗斫所

一（經覺）御隠居方御斫所」

（6オ）

一斫所分条〻

一出世・〻間恒例・臨時役事

一商人名主等

一田舎坊人等給」

三箇院家等相傳次第
大乗院

（6ウ）

三箇院家等相傳次第

一大乗院　堂三宇　塔一基　主殿等　聖教道具　（城上郡）楊本庄　（添上郡）神殿庄　（城上郡）出雲庄　（同上）院入庄　（同上）大市庄　（添上郡）倉庄　（城上郡）羽津里井以下十七ヶ所

『長谷寺別當』
本願權長官法印權大僧都隆禪爲祈先考𦬇、寛治元年二月日建立供養、願文大江匡房卿草、
法印者、關白太政大臣兼通(藤原)後胤左少將政兼(藤原)息也、

(7オ)
◉隆禪……權少僧都賴實……法務大僧正尋範『內山本願、當山相承同之』……法務大僧正信円『菩提山本願、當山相承同之』……法務大僧正實尊 後𦬇山

森本 法務大僧正円實……法務大僧正實信『一乘院門主』寶川殿……円實……法務大僧正尊信 宝峯院

『新卅講検校、坪江鄉(越前坂井郡)自當代知行、相承同之』 法務大僧正慈信……法務大尋覺 後內山……大僧正覺尊 新宮 五大院……慈信……權少僧都聖信 釜口……覺尊

大慈三昧院 聖信……覺尊……聖信……覺尊……法務大僧正孝覺 己心寺……大僧都教尊 九条……禪師教信 讃岐

教尊……法務大僧正孝尋 後己心寺 一乘院……大僧正孝円 後宝峯院 大乘院本願……大僧正經覺……法務大僧正尋尊

長谷寺別當相承次第又同之、但實信除之、最初別當法印隆禪也、此外諸山寺・諸検校・諸□等代々相傳次第大略如門主次第也、𦬇山弁正願院(正暦寺)・內山寺(永久寺)同前、

(7ウ)
一龍華樹院付院主、堂二宇　塔一基　聖教道具等　三ケ井殿庄(添上郡)　狹竹庄(城下郡)　越田尻庄(添上郡)　曾我ア(城下郡)庄　九条庄(山邊郡)　小林庄(城下郡)　興田庄(忍海郡)　森屋庄(城下郡)　小大田庄(城上郡)　中津鳥見庄以下(添下郡)　田井庄(山邊郡)

『号法務權僧正、』
本願長官法務權僧正賴信
權僧正者、閑院大臣冬嗣(藤原)公後胤正五位下賴經(藤原)息也、

(8オ)
◉賴信……權律師深賢『一谷院主相承元祖』……權少僧都實覺『院主』……法務大僧正尋範『院主』『門跡』……法務大僧正信円……

『門跡相承元祖』法務大僧正覺信……『門跡』僧正玄覺
法務大僧正實尊……法務大僧正円實……法務大僧正實信……円實
法務大僧正尊信……禪師隆信（大乘院禪師、後一乘院禪師、九条殿息（忠家））……法務大僧正慈信以下如大乘院相承也、放光院念佛廻請等加判者、則依一谷院主相承也、

抑當院主職事、雖爲一乘院家御計、大乘院家御知行之由事、見目祿（錄）方、一乘院也、其子細者、尊信僧正之弟子隆信禪師、乍相傳龍花院〻主、令入一乘院之覺昭僧正之門室給了、仍号一乘院禪師也、又云龍花院禪師、不及先途早世畢、入滅後院主職事、覺昭僧正猶以押留、依申披、如本大乘院慈信僧正知行也、」

禪定院

（8ウ）一禪定院　堂五宇　塔一基　聖教道具・寺社記祿（錄）等　民司庄（城上郡）　小吉田庄（平群郡）　古河庄（山城相樂郡）

『号飛鳥僧都、』初學天台、後法相、本願權少僧都成源、爲元興寺之別院、建立飛鳥鄕（高市郡）、仍号飛鳥坊也、治承五年以來准興福寺內、於此坊被始行十二大會等畢、但維广（摩）會於本寺修之、自余一切令修當所也、

十二大會

僧都者、關白太政大臣兼通（藤原）後胤大藏卿兼貞（藤原）息也、法印隆禪之伯父也、

（9オ）□成源……法印權大僧都隆禪（大乘院）……權少僧都賴實（禪定院）……法務大僧正尋範（內山本願）……」法務大僧正信円（𦬇山本願）以下如大乘院相承也

成源の履歴

以上号三ヶ院家、

成源僧都者、本延暦寺横河法師也、於彼山登壇・受戒了、學法相、住興福寺、建立元興寺之禪定院了、長久二年維摩會講師、天喜二年任權律師、五十一、同五年十二月廿八日任權少僧都、同（康平元）六年十二月十三日入滅、五十五、（添上郡）元興寺郷等事、大乘院知行子細者、就禪定院事也、」

（9ウ）

法乘院

一法乘院　一切經以下道具等

北圓堂供

『後鳥羽院御願』震（宸）筆瑜伽論檢校、号北円堂供、古（木）本庄（十市・高市郡）　古木新庄（同上）　淨照田庄（添上郡）　横田本庄（番条）（添下郡）　横田新庄（伊豆・七条）（同上）　上生講（古市）（添上郡）田　玉手庄（葛上郡）　田口庄（宇多）　赤塡（埴）庄（同）　篠畑庄（同）以下各瑜伽論御領也、

東御塔供

『鳥羽院御願』東御塔檢校、号東御塔供、　秦樂寺四ヶ末庄者、坂手庄（城下郡）之内十町　味間庄（城下・十市郡）之内十町　興田庄（城下郡）之内二町　舞庄（同上）之内一町　秦樂寺（十市郡）三町　新木庄（同上）等各御塔領也、」

春日毎日不退一切經般若會院三十講

『白河院御願』一切經檢校、号春日毎日不退一切經、　般若會　院三十講号三ヶ御願也、各析所河口庄（越前坂井郡）」

（10オ）

河口庄細呂宜　本庄　新庄　新郷　大口　兵庫
荒居　山荒居　王見　關　溝江

『号二条僧正、』松林院
本願長官法務大僧正雅緣、三ヶ御願等檢校者、雅緣初而蒙　宣下、致永領者也、
大僧正者、村上天皇具平親王後胤久我内大臣雅通公息也、

⊙雅緣——法務大僧正信円——法務大僧正實尊——法務大僧正円實——法務大僧正尊信——

法務大僧正慈信……法務大僧正尋覺以下如前、信円・實尊兩代者、円實成人之間爲代官、最初河口庄檢校次第者、大乘院本願隆禪　法務大僧正覺信〔号康和大僧正、〕　僧正範俊　權僧正永縁　僧正玄覺　法印經尋　玄覺　大僧正隆覺　法印覺譽　僧都覺晴　隆覺　法眼定耀　僧正惠信　法眼玄修　權僧正玄縁　權僧正範玄〔中山僧正〕　權僧正覺憲　範玄　法務大僧正雅縁自當代門跡相承之、宣下

河口莊檢校次第

（10ウ）

一傳教院
若槻庄（添上郡）　高田庄（添下郡）　新木庄（同上）　外河庄等（同上）
藥師寺別院也、院主僧都清乘……法務大僧正尊信……慈信……尋覺以下如大乘院相承也、

藥師寺傳教院

（11オ）

一喜多院二階堂
水涌庄（ミツワキ）（山邊郡）　鞆田庄（同上）　牟山庄（同上）　窪城庄（添上郡）　新殿庄（アタラシトノ）（山邊郡）　藺生庄（イウ）（同上）　南殿庄（ミナミトノ）　福田庄（平群郡）　目安庄（同上）
以下

喜多院二階堂

『号喜多院元德、』
⊙本願長官大僧都空晴……僧正眞喜〔長保三・正・十五入滅、七日イ　二階堂本願也、〕……僧都琳懷……僧都永昭〔長久三・三・廿五入滅、（元）（廿一）　二階堂本願也、　大師眞喜〕

彌勒菩薩

長久三・二・十五入滅、二階堂本願也、

已講源眞——已講澄照——已講淨慶——已講法印琳慶——已講延覺——法橋覺宣

已講行照 喜多院務元祖

已講円綱——法務大僧正信円以下如大乘院、

（11ウ）

慈氏𦬇〔𦬇〕、如來滅後有一千年而降臨阿踰沙國大講之內、放大光明集有緣衆、經四月應讀五部論、瑜伽師地論・金剛經論・大莊嚴論・分別瑜伽論・弁中邊論也、理門論者号因明大論、、無著弟〔子カ〕師陣那造也、入正理論者号因明小論、、陣那弟子天主造也、因明師相傳如本宗、但在口傳、四家（法相・三論・天台・華嚴）大乘等兼學者也、

血脈相承次第

一血脉相承次第等

（12オ）

○佛——慈氏——無著天竺——世親同 作千部論 三十頌造——護法同 唯識論造 十人之內也、——戒賢同——玄奘大唐

慈恩同——惠昭同——智周同——玄昉日本興福寺——善珠——昌海——基繼一

智鳳——義渕日本興福寺——宣教——賢憬——明福二

道昭日本元興寺——行基藥師寺——勝虞——護命——仲繼三

○一 基繼——義光——日觀——松朝——範俊——○教緣範延——信円𦬇山本願

○二 明福——延賓——空晴——眞喜——扶公——円緣——濟尋——覺信——玄覺

（空晴より）忠筭——眞興——淸範——賴信

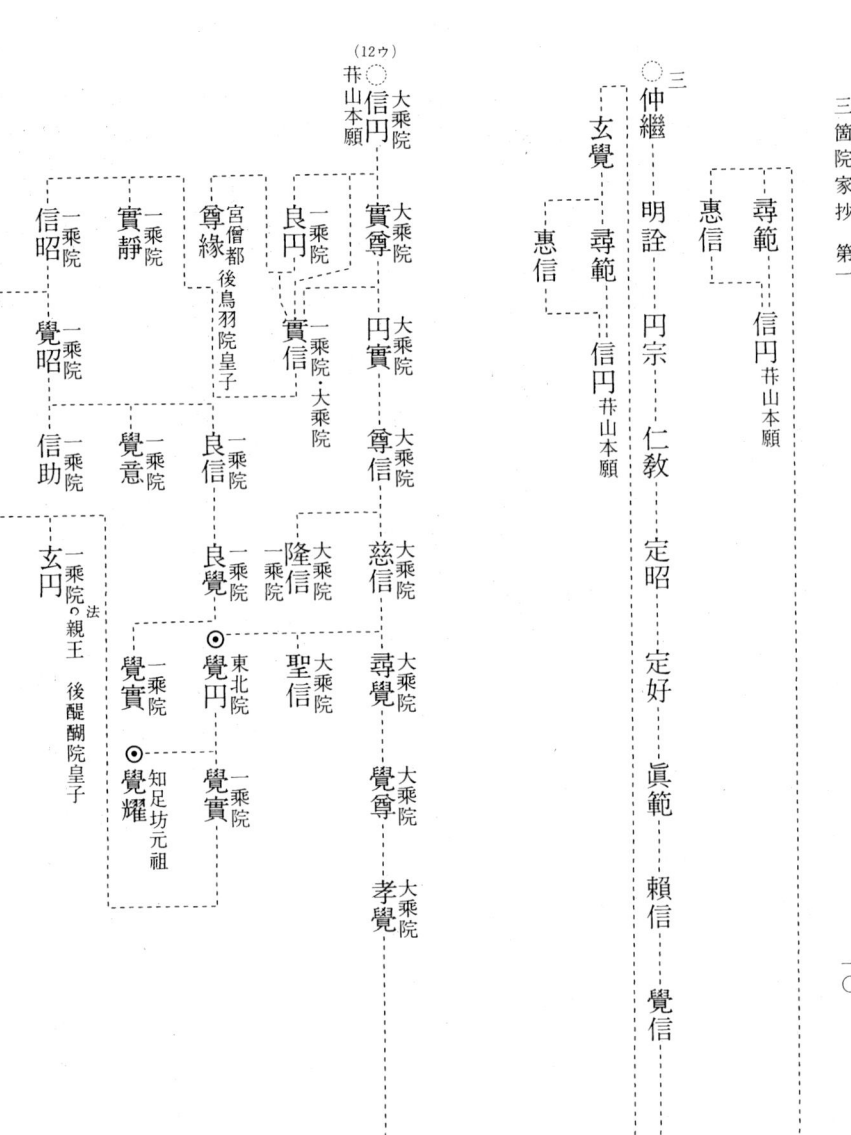

尋範
惠信
信円 卄山本願

○三
仲繼―明詮―円宗―仁教―定昭―定好―眞範―賴信―覺信

玄覺
尋範
惠信
信円 卄山本願

(12ウ)
○大乘院 信円 卄山本願
大乘院 實尊
一乘院 良円
宮僧都 尊緣 後鳥羽院皇子
一乘院 實靜
一乘院 信昭
一乘院・大乘院 實信
大乘院 円實
一乘院 覺昭
大乘院 尊信
一乘院 良信
一乘院 覺意
一乘院 信助
大乘院 慈信
大乘院 一乘院 隆信
一乘院 良覺
一乘院 玄円 法親王 後醍醐院皇子
大乘院 尋覺
大乘院 聖信
◉東北院 覺円
一乘院 覺實
大乘院 覺尊
一乘院 覺實
◉知足坊元祖 覺耀
大乘院 孝覺

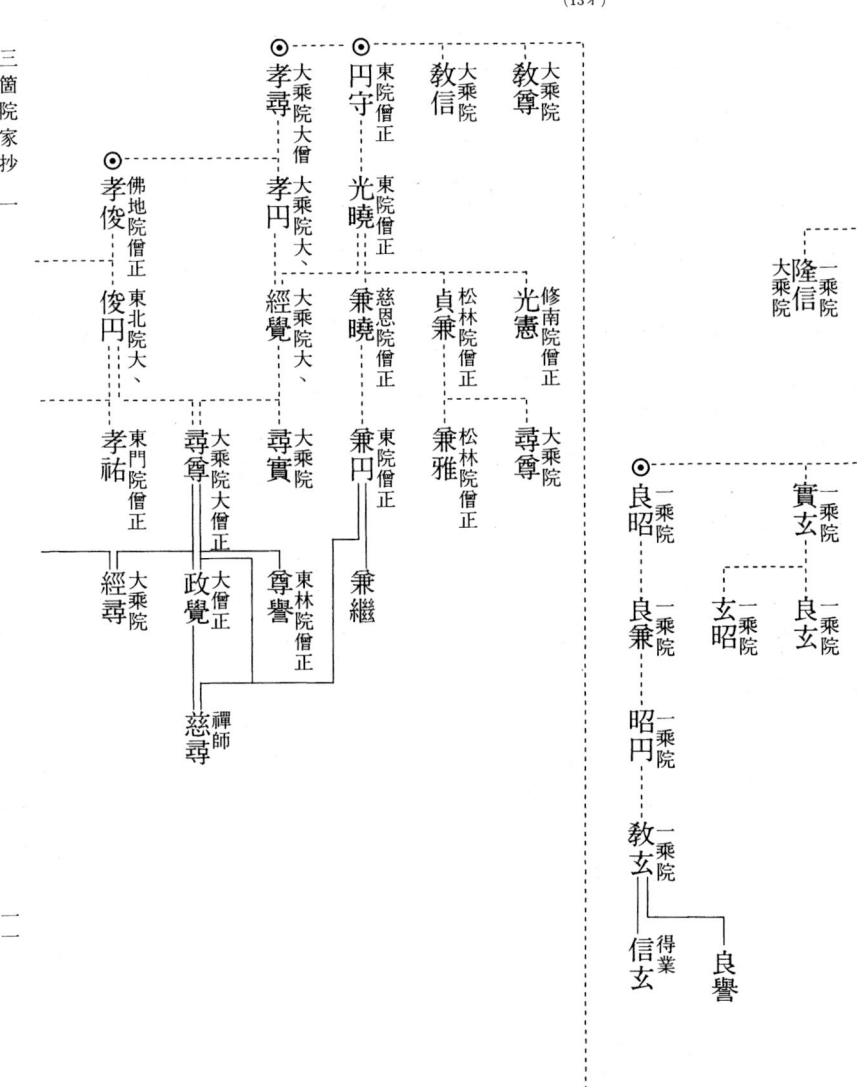

隆信 一乘院 大乘院

實玄 一乘院
良玄 一乘院
玄昭 一乘院

⦿良昭 一乘院
良兼 一乘院
昭円 一乘院
教玄 一乘院
信玄 得業
良譽

教尊 大乘院
教信 大乘院

⦿円守 東院僧正
光曉 東院僧正
光憲 修南院僧正
貞兼 松林院僧正
兼雅 松林院僧正
尋尊 大乘院
兼曉 慈恩院僧正
兼円 東院僧正
兼繼

⦿孝尋 大乘院大僧
孝円 大乘院大、
經覺 大乘院大、
尋實 大乘院
尋尊 大乘院大僧正
尊譽 東林院僧正
政覺 大僧正
慈尋 禪師

⦿孝俊 佛地院僧正
俊円 東北院大、
孝祐 東門院僧正
經尋 大乘院

- 佛地院 俊祐
- 竹林院 乘俊
- 東北院 任円
  - 東北院 晃圓

（插紙）

- ○良敏 大僧都
  - 慈訓 僧都 寺務初
  - 仁秀 本願 東門院 寺主
  - 願安 本願 金肪寺
  - 平源
  - 安秀
  - 長保
  - 公範
  - 隆禪 本願 大乘院
    - 賴實 禪定院
    - 尋範 大乘院°
    - 信円 大乘院

- ○玄昉 撲陽大師弟子
  - 善珠
    - 長保
    - 公範
    - 隆禪
    - 賴實
    - 尋範
    - 信円
  - 昌海
  - 基繼
  - 義光
  - 日觀
    - 教縁 僧正
      - 信円
      - 雅縁 大僧正°
        - 重信
        - 円實
  - 松朝
  - 範俊 本願 松林院
  - 範延

- ○智鳳 慈恩大師弟子
  - 義淵
  - 宣教
  - 賢憬
  - 明福
  - 延賓
  - 空晴
  - 眞喜
  - 扶公
    - 円縁
    - 濟尋
    - 覺信
    - 玄覺
      - 惠信
        - 信円
      - 尋範
        - 信円

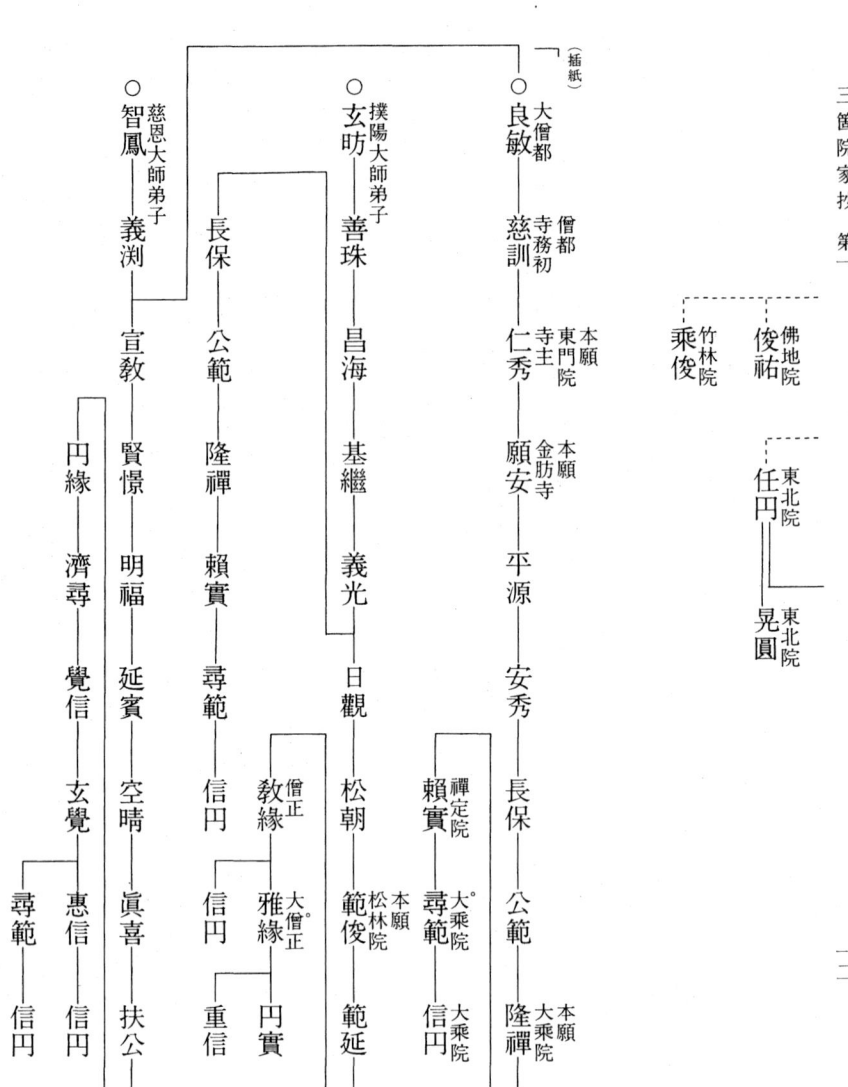

- 扶公
  - 円縁 ─ 隆禅
    - 頼實 ─ 尋範 ─ 信円 ─ 實尊
    - 隆覺
      - 恩覺
      - 雅縁
    - 延覺 ─ 心曉
    - 濟円 ─ 覺弁 ─ 範円
  - 成源 ─ 隆禅 ─ 頼實
    - 尋範 ─ 信円 ─ 實尊
    - 宗覺

- 玄弉
  - 慈恩
    - 惠昭 ─ 智周 ─ 玄昉
    - 智鳳
  - 道昭

- 空晴
  - 忠筭 ─ 眞興 ─ 清範 ─ 眞範 ─ 頼信
    - 覺信
      - 玄覺
        - 惠信 ─ 信円
        - 尋範 ─ 信円
      - 教縁
    - 深賢 ─ 實覺
      - 尋範 ─ 信円 ─ 實尊
      - 忠覺
  - 守朝 ─ 清範 ─ 眞範 ─ 頼信 ─ 良撰 ─ 覺信 ─ 惠曉 ─ 玄覺
    - 惠信 ─ 信円
    - 尋範 ─ 信円
    - 藏俊
      - 信円
      - 覺憲
        - 信憲
          - 憲尊
          - 英弘 ─ 慶信
        - 貞慶 ─ 實尊

- 良算
  - 専英 ― 尊信
  - 貞弘 ― 憲弘 ― 範憲
    - 覚尊
    - 聖信
    - 孝覚
- 円玄
  - 円實
  - 円憲 ― 尊信

玄奘三藏 ― 道昭 ― 行基 ― 勝虞 ― 護命 ― 仲繼 ― 明詮 ― 円宗 ― 仁教 ― 定昭 ― 定好 ― 眞範

- 眞範
  - 頼信
    - 頼尊 ― 覚信 ― 玄覚 ― 尋範 ― 信円
    - 覚信
      - 藏俊
      - 玄覚 ― 尋範 ― 信円
        - 重尊
        - 円憲
        - 重信
        - 信家
    - 深賢 ― 實覚
      - 尋範 ― 信円
      - 範覚
  - 公範
    - 隆禪
    - 隆信 ― 教縁 ― 信円

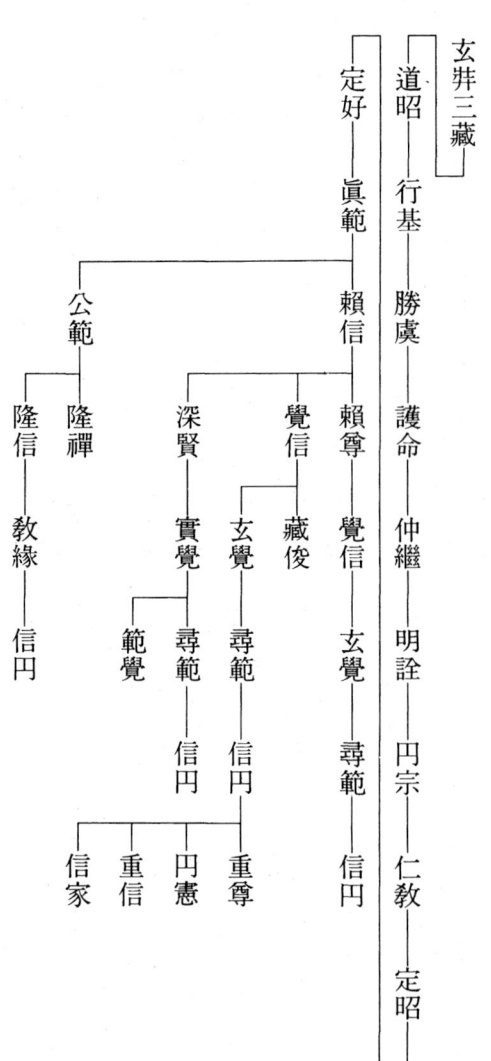

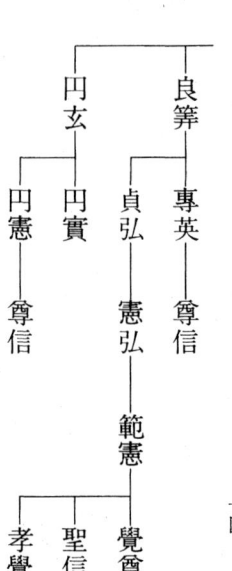

（插入文書）「御撫物被申出下給候者、可畏入候、御目出可奉祈念候由、可預御披露候、恐惶謹言、

八月廿九日　幸徳井三位　友幸（花押）

御奉行所」

（13ウ）

一御師範并同學等

『菩提山本願』信円御師範　松林院教縁僧正　同學𦬇院藏俊号贈僧正、

『後菩提山』實尊師範　修禪院信憲僧正

『室殿』円實師範　東北院円玄僧正

『宝峯院』尊信師範　東北院円憲法印　同學專英法印

『大慈三昧院』慈信師範　松林院實懐僧正

『後内山』尋覺師範　三藏院範憲僧正　同學弁範・訓實

『五大院』覺尊師範　松林院尊懐法印　同學嚴寛法印

『釜口』聖信師範　範憲僧正

（14オ）

『己心寺』孝覺師範　範憲僧正　三藏院憲信僧正

『九条』教尊師範　松林院懷雅僧正　同學懷繼・良意
『讃岐』教信師範　法雲院實遍僧正　同學同・同
『後己心寺』孝尋師範　實遍僧正・東院円守僧正　同學專重・良繼
『後宝峯院』孝円師範　松林院長懷僧正　同學憲胤・良英
『安位寺』經覺師範　松林院實雅僧正・東院円曉僧正　同學良深法印・顯融得業
『加賀』尋實師範　円曉僧正　同學宗信僧都・訓營已講
尋尊師範　松林院貞兼僧正・東北院俊円僧正　同學宗信・訓營・懷實得業・淸寛、、・
俊深、、・定清已講・寛尊律師・賢英得業
（追筆）「政覺師範　東院大僧正兼円　同學興胤　」
慈尋禪師師範　東院大僧正兼円」

（14ウ）

大乘院別當
一院別當号大乘院別當也、必以坊官　宣下、
顯實法眼

雜務職
一雜務職号御後見、或政所、

『内山本願御代』至芹山本願奉公、
信實 仁安元年二月十六日補任之、但常樂會方聖教院覺意法橋沙汰也、〔坊〕増官所、

顯實 大輔法眼、福智院、蒙直仰、芹山本願・後芹山・室殿・宝峯院四代候人、

清實 藏人法眼、福智院、蒙直仰、室殿・宝峯院・大慈三昧院・後内山四代候人、

（15オ）

『後内山御代』
良顯 大進法眼、福智院、嘉元年中補任之、

『後内山御代』
良懷 治ア卿法橋、福智院出世者、延慶三年　月　日補任之、廿七歳二年治、三十五入滅、

『同御代』
源實 藏人法眼、桶井、應長元年九月六日補任之、五年治、

『五大院御代』
『侍』玄舜 上總法眼、正和四年十一月廿一日補任之、三年治、

『同御代』
源覺 民ア卿法眼、桶井、文保元年八月六日補任之、『大慈三昧院御還任時』元亨三年八月十日還補、兩度ニ十ケ年治、

『釜口御代』
『侍』晴舜 尾張法橋 『侍』泰舜 因幡法眼、嘉曆元年五月十日以件二人爲御後見代、

『同御代』
實舜 大藏卿法眼、桶井、同年九月廿四日補任之、三年治、

『五大院御代』
『侍』晴舜 同三年正月十一日補任之、稱御後見代、

（15ウ）

『釜口御代』
實舜 元德二年十一月一日補任之、

『五大院』
『侍』晴舜　元弘二年八月廿八日補任之、爲御後見正任、

『釜口御代』
泰深　大輔法眼、元弘三年六月十二日補任之、建武元年二月　日還補、『釜口』
『五代院御代』同二年二月一日又還補、鵲、

延元、
『侍』晴舜『五大院御代』同三年八月廿日補任之、正任、

『己心寺御代』
顯清　按察法眼、同四年正月廿二日補任之、
成就院、

『同御代』
清覺　藏人法眼、　貞治三年七月　日補任之、
成就院、

『後己心寺御代』
懷覺　藏人寺主、至德三年十月一日補任之、應永九年九月廿二日入滅、當職憲實法眼望申、雖然室町殿（足利義持）依御口入、
清尋安堵之、」
成就院、

（16オ）

『同御代』
清尋　藏人法橋、广（應）永九年　月　日補任之、十六年治、
成就院懷覺之舍弟也、

『安位寺御代』
清祐　按察法眼、广永廿四年五月廿日補任之、卅六年治、
成就院懷覺之長子、

『當代』
清賢　按察法橋、　享德元年正月十四日補任之、
成就院、

（追筆）
「清円」

雜務職方料所

雜務職方料所、楊本庄（城上郡）・神殿庄（添上郡）以下、三ヶ院家等御領大小執行以兩庄爲專也、但楊本庄不付雜務職之例在之、出雲庄（城上郡）或古河庄（山城相樂郡）被付之、所詮依雜務之增減、料所大小不定者也、」

雑務年中調進物

（16ウ）
一雑務年中調進

正月

元日

歯固

御歯固　円鏡一面・大根一・橘一、

四種御肴、大豆・串柿・栢・柘榴、

各折敷在之、繪松鶴、土高器一本、御酒一瓶三升、

以上大晦日夜必送進之、

朝御膳用御衝重等随注進、日中同前、

節供

御節供

（17オ）
鸎餅・同四種御肴等エンチヤウ・ハカタメ・神馬草ヒキ・大根コヲヌル、

八種御果子赤餅・白餅各クツカタ・串柿・甘〔柑〕子・油物・打栗・野老・興米、各高八寸、

各大衝重二前備之、

御酒土器小衝重一前、

御酒一瓶三升、

下部
廐舎人
牛飼
兄部
職事
天満巫女
南北横行

吉書

節供

鶴子

（17ウ）

御湯果子一合下・上高八寸五分、廣一尺也、菓子高一尺七寸、〔堅〕肩餅三重也、上積雑菓子十五種計、
以上上北面沙汰人方渡之、院仕法師請取之、
御下部・御廐舎人・御牛飼、人別交果子一折敷・餅五枚・肴・酒人別五合、御馬・牛疋別餅五枚、口付同之、諸庄兄〔座カ〕ア・職事、座別二人宛果子一折敷・餅五枚・酒三合人別給之、天満巫女同人別、南北横行千秋万歳酒肴済々給之、」

二日
御中酒一瓶三升、御盃等、
御湯果子一合
〔追筆〕「吉書行之、三ケ日之内吉日、鏡一面・菓子八種、各繪懸盤、肴一前・酒一瓶三升、」

三日
御節供
鶴子・同四種御肴等如前、鷹芋稱之鶴子、
八種御果子
御酒土器
御酒一瓶
」

（18オ）

御湯果子等如元日、

五日

御湯殿始

円鏡二面衝重、瓶子一三升、湯行事方渡之、

御湯帷一　御頭巾一切布七尺、号髪剃布、　湯巻二具、但御一所之時ハ一具也、

御行水桶二ハ蓋在之、　足桶四大杓一、

大汲ア一　小汲ア一

次行水桶一　薬桶一

水垂一絹張之、　柄貝器三

貝器六　御湯桶一

薄（薄カ）御座一帖絹縁、　白縁六帖　或四帖随注進下行之、

垂布二一間一・半間一、　『合懸分、近来致其沙汰了、』

（18ウ）

（追筆）「七日

御盃・瓶子一・御菓子一合同前、　御膳之時進之、」

御上洛之時菜嶋式

御料
御析　　御菜八種　御汁四一ハタ、ミ、
御果子小衝重、　御湯漬御菜二、　御酒

各御衝重

（19オ）

北面等
次飯白一、　菜六種折敷、　汁三
交果子大土器　酒人別五合
北面等
菜三種合盛折敷　飯白一、汁二
酒人別五合　交果子大土器二人合ニ一坏、

下部等
下部等
菜二　飯白一、　汁一　酒人別三合

力者小養
同御力者・小養
菜二　飯白五合、　汁一　酒人別三合計

（19ウ）

人々従
人ゝ従
菜二　飯白五合、　汁一

以上此式ハ年始十五日之中式也、御下向ハ雖為十五日以後、同式也、十五日以後

普通時京上菜嶋式

御京上ハ只普通儀也、無別子細、

一普通時御京上菜嶋式、十五日以後ハ此式也、

御料

御析　御菜六種　御汁三

御果子、大土器、　御湯漬、無御菜、　御酒

各御衝重

(20オ)

北面等

次菜三種合盛折敷、　飯白七合、　汁二

酒人別五合

北面等菜三種折敷、　飯白七合、　汁二

酒人別五合

下部等

下部等菜一種　飯白七合、　汁一

酒人別三合

力者
小養

同御力者・小養菜一種　飯白五合、　汁一

酒人別三合

人々従分

人ゝ従如下部等也、

(20ウ)

水手

御船御上洛之時、水手等如従析、但酒三合・菜二種也、御船水手之内、御童子沙汰人・

同輩合二人ハ如北面等膳也、

俄上洛之時式

一俄御上洛之時式

御料

御粁、如普通之時、但御果子無之、御湯漬略之、

出世者北面

次出世者以下至北面等、菜三鉢・飯一鉢、人別白五合、

汁一　酒

下部等

下部等菜二種、飯白七合、汁一　酒人別三合

小養

小養如前、但有無可随時也、」

(21オ)

人々従分

人々従分無之、但児従者如下部等也、

以上大旨如此、但次々此分濟ヲ前別ニ備事モ在之、可随宜也、又下部等一向院仕

沙汰ニテ外居ニ入天自奈良持事常儀也、

(追筆)「一御所渡一獻、菓子一合・肴一合・羹一・赤粥一鉢、毎度如此、」

十一日

實覺忌日

龍花樹院故僧都實覺御忌日、下文等二十一通、

木守方湯屋円鏡・瓶子三升・手巾布・手桶・杓下之、

心經會幡

一心經會幡方以吉日始行、

(21ウ)

大倉紙百廿一枚本杉原云々、　苧一ツ　スリコ鉢三二ハ上番方、

火鉢三　赤花四枚五　青花一枚」

曾木十五枚　原紙〔厚カ〕一帖心經紙云々、　小竹一荷十本計、

御幣串二本　榑スミ五廷〔挺〕　小莚一枚

コモ十五枚　法祿〔焙烙〕三一ハ上番、

以上沙汰人方渡之、御兩三所之時ハ二倍・三倍進之、

小円鏡十枚或十五枚・廿枚、　小豆三升或五升、

以上院仕方請取之、

一天満巫女以吉日随召參、十五日中也、人別交果子一折敷・餅五枚・肴如常、酒二瓶子大一斗也、惣中、

吉書

(22オ)

一三ヶ院家等御庄々吉書成事、三ヶ日中以吉日切」符下文成之、召著茱〔若カ〕載祝言也、

鏡一面・果子八種繪懸盤、・肴一前・酒一瓶子、

坊官侍

一坊官・侍等來臨・會合以吉日行之、精進・不精進・數獻・引物等在之、本式五日云々、

〔追筆〕「十五日

粥

一御粥調進之、至十八日、此外小餅十枚、或大円鏡二面、小豆五升・スリコ、

一御社御參籠一獻、不限正月每度沙汰也、七ヶ日之內初日、

菓子一合　肴二合　索一折敷　羹二　酢菜三　瓶子一双　筒一

十六日

淨明講

一淨明講捧物二十種、」

二月

一日

菓子一合　肴一合　毛立一鉢　瓶子一五升、

每月朔日此式也、但八月一日相替者也、

(22ウ)

十一日

常樂會桟敷

常樂會御桟敷打事、一向修理目代役也、兩門跡(一乘院・大乘院)御桟敷者、不謂自他門常目代役也、鋪設ハ自院家被渡之、於拵幷御簾者、御後見沙汰也、御桟敷守斮神殿庄(添上郡)下人二人每夜召置之、

自十一日至十六日、」

御簾事去年新調、至當年可用之、至明年不可用之、

(23オ)

御桟敷御斮兩日式

御破子申出入之、上御果子八種合入之、下御菜七種御箸等、
御比目御析御菜六種　御汁三一ハタ、ミ、　御酒
御湯漬御菜二　　御粥
夕座中間ニ御暑預粥進之、（薯蕷）
次菜六種朱鉢三ニ合入之、　御飯一石鍋白一斗余、　御汁石鍋　棰物　御折敷　次折敷　箸
御銚子鍉（提カ、下同ジ）・次鍉等、　土器一向御作手沙汰也、　沙汰人可召儲之、」
兩日此式也、　御果子等種々少々相替之、　但夕座御餺飩進之、
（23ウ）
同兩日兒共見物日中事
調菜六種鉢御菜、筒等ニ調入之、　汁三一ハタ、ミ、
折敷　　酒　　飯析白米相具薪下行之、
飯・酒等用途可有用意事也、
（追筆）
「一彼岸經一ア」
彼岸
服薬
浄名講
彼岸御服薬七ケ日毎日御中酒一瓶三升、・練サイシ等、　此外小莚枚・御衝重・折敷・箱一、
（追筆）
「一十六日浄名講捧物
一造花京上覆以下作具進人夫等下知、」　」

三月

（24オ）

上巳節供

三日

（追筆）
「至九月八日御炭進之、不闕如可進之、」

御節供

御菜六種　赤御飯三升五合盛之、御菓子八種（鷺餅必可有之、）　御酒一瓶（三升）　御盃等

出世者侍

次出世者・侍等

六種（菜三、菓子三、）　赤飯三升盛　酒（公所大瓶子一、侍大瓶子二、）

北面院仕知院事

北面・院仕・知院事等

五種（菜三、果子二、）　赤飯三升盛　酒大瓶子一、（知院事等酒別ニ進之、）

（24ウ）

下部等

下部等、

菜二　赤飯一升五合盛之、　酒人別五合

諸座下節供

諸座下節供座別二人（兄ア・職事、）

菜二（或一、）　赤飯一升盛、（或八合、）　酒人別五合

但檜皮寄人兩座ハ（各）○酒直米一斗下行、相替諸座、

房官所下節供
恪勤
廐舍人
牛飼
兄部
職事
檜物師作手
檜皮師
禪定院釋迦堂本經講
花見

房官所下節供、
御所御下部恪勤・御廐舍人・御牛飼、
菜二種　赤飯人別一升五合、此分濟ヲ鉢ニ入天取出、酒人別三合桶、」(25オ)
諸座下節供座別二人兄ア・職事、
菜二　赤飯一升、或八合、酒人別三合、
諸座隨宜取成之、但於檜物師作手者、人別下行之、於檜皮師者、兩座者、座別酒直
米一斗相替余座了、

五日
禪定院尺迦堂本經講方本論講方同之、
廣折敷七枚捧物積析、硯折敷二枚筆四管・墨二・小刀二、ハウキ五　巾布二切　手水桶一在
杓、手巾白布一切上品、長櫃二合懸緒鼻ヲ扐、中ニ出雲莚一枚宛、
(追筆)「大掃除御領内下知、尺迦堂清目南市五人、
一花見御一獻」」(25ウ)

四月

禪定院釋迦堂八講

五日
禪定院尺迦堂御八講　佛供米一斗二升　燈油四合、
結日御布施置析板折敷一束、御承仕方渡之、

大乗院尋範忌日

九日
同院丈六堂内山本願（大乗院尋範）御忌日、御佛一鋪弥勒井（廾）御衣絹九尺、皆析八斗繪所ニ下行、　御經一部　米五斗經師ニ下行、
以上兼日ニ用意之、
雜紙二十二束　褁紙二帖十八枚　短册十一通、請僧十口・承仕一口分、一口別二斗、」（26オ）導師布施米一石五斗下
文
以上前日八日、交替御承仕
僧膳析沙汰庄々　楊本庄（城上郡）　倉庄（添上郡）　出雲庄（城上郡）　宇礼志庄（河内）　大市庄（城上郡）　神殿庄（添上郡）　上總庄（山邊郡）楠本庄、
草川庄（城上郡）　川合庄（同上）　羽津里井（同上）、　赤尾（十市郡）、　院入（城上郡）、　上田（十市郡）、楠本庄、　輕（高市郡）、　小矢ア（十市郡）、　池尻（城下郡）、」（26ウ）

五月

四日
菖蒲（蒲）葺仕丁公私酒肴給事

正願院大般若

酒直米二斗五升・粽五把守北面沙汰人下文下行、

房官所分、酒直米一斗・粽五把

（追筆）
「一正願院大般若世俗」

端午節供

五日

御節供如三月三日、但止鷺餅備粽、

次節供同上

下部方同上

房官所下節供同上

（27オ）

各粽相計、随宜下行之、不足ノ時ハ不下行、

龍花樹院供僧九人各粽五把、佛供粁十把承仕ニ給之、

正・五・九、年中ニ三ヶ度分節供給之、如公所、

小五月猿樂

小五月猿樂方一獻

果子一合　肴等二合　麵一折敷三百斗分、

毛立二鉢一尺八寸 タケノコ、スイセン、或赤粥、　大蘭一三斗、

御湯殿　藥麥　布袋　桶　杓上番ニ給之、

（27ウ）

六月

毎御湯日小御粁調進之、但六月・七月兩月一月ニ六ヶ度調進之、御菜二種　御汁一　御粁一鉢　御毛湯一桶

京上御瓜三十合具粁、

公事瓜、下北面幷下部等相計給之、倉庄以下瓜千二百之內、又依召進之、

楊本庄供御瓜畠三反毎年檢知之、仍員數不定也、隨到來進上之、種瓜三十留庄家者也、

晦日

金堂蓮華會

（追筆）「二十五日金堂蓮花會佛供・燈明」

御秡具足事、後荇山（大乘院實尊）御代ヨリ山寺御所ニハ御略也、

（28オ）

作折敷二枚兩所御時五枚、　土高月二本兩所之時三本、

上中紙十枚　小莚一枚

薦一枚　瓜十果

茄子十五　桃三十

續松二十把　麻一本

以上當日未剋許入長櫃、北面沙汰人交替之、此外事、北面沙汰人・木守等沙汰也、

奉行人申付之、

瓜切盤一　切刀一

（追筆）「一麥飯調進之、菜　御湯積（漬）二種　酒　公私分進之、此外於私在之□□、」

七月

（28ウ）

七夕節供

七日

御節供

御肴二種　索餅一積折敷、御酒一瓶子三升、御折敷　棰物　切瓜析焚菓十計臺析大瓜三計用意、

次肴二種、前別、　索餅假令人別三十帖計、酒如常、切瓜析瓜百果計寄之、北面析ニ平古一荷寄之、

（29オ）

下ア等肴二種、大土器、　索餅、假令人別廿帖、　酒人別五合、瓜或一古、或一荷隨座分濟也、」

諸座下節供座別二人、兄部・職事、人別索餅一合宣合折櫃・酒五合、

房官所下節供御所下部等肴二合、大土器、　索餅人別廿帖、

諸座座別二人、兄部・職事、　人別索餅一合宣合折櫃、・酒三合、

十四日

龍花樹院丈六堂盆供

龍花樹院丈六堂盆供、白米五斗金伏・御菜五種之内
　瓜五　茄五　枝豆五把　サヽキ五把　根芋五把　荷葉五枚
同丸堂分　白米二斗同、瓜五　茄五各一古ニ入之、枝豆三把」サヽキ三把　根芋三把　荷葉三枚

（29ウ）

大乗院堂盆供

大乗院隆禅忌日

大乗院御堂盆供、自楊本庄染米、御承仕直納
同本願（大乗院隆禅）御忌日　御佛一鋪尺迦多宝、御衣絹二幅長各四尺五寸、
　　皆粁五斗繪所ニ下行、兼日沙汰也、
　法花經一部經師沙汰也、但毎月沙汰也、
　佛布地表紙二枚早旦木守請取、
　請僧十口各二斗、佛供燈明方一斗八升　御承仕方
　下文渡承仕、
　雑紙者興田・柳原等寄人年貢紙也、今日催之、

（30オ）

禪定院釋迦堂盆供

禪定院丈六堂盆供

禪定院塔盆供

禪定院尺迦堂　白米五升　瓜五　茄五　枝豆三把　根芋三把　荷葉三枚
同　院丈六堂同之、
同　院御塔同之、

禪定院天竺堂盆供

同院天竺堂ハ不請之、
此外民司庄(城上郡)・小吉田庄(平群郡)・古河庄(山城相樂郡)各一具沙汰之、給主役、

禪定院持佛堂盆供

同院御持佛堂盆供、員數不定、隨御下知調進之、色目如常、兼日小盆器可有沙汰也、小俵一升納、同可有沙汰也、毎年二具、或三具也、」

菩提山常光院盆供

（30ウ）

𦬇山常光院　御菜五種　小俵一、　盂蘭盆經一卷
但此盆供出雲庄給主沙汰也、

菩提山東塔盆供

同東谷御塔　同宇礼志庄役也、

十五日

講堂盆供

講堂盆供事、小俵一五升、瓜五　茄五　枝豆三把　サヽキ三把　根芋三把　諷誦文一通幷裹物一
早旦奉送講堂渡之堂童子、

西大寺大僧供

西大寺大僧供　飯三石出雲庄御米内　調菜六種代五百文楊本庄進之、　早旦奉送彼寺、

大安寺大僧供

大安寺同前、但兩寺飯析ハ倉庄・上總庄百姓等役也、」

（31オ）

出雲庄西大寺米是也、菜ハ御後見沙汰也、新調之菜筥ニ入之、長櫃ニ入天、宰領御童子也、

以上楊本庄等盆供米内下行之、

中旬吉日龍花院幷禪定院御庄〻早米下文成之事、自余御庄〻納所・給主等方也、

市祭猿樂一獻

（追筆）「一市祭猿樂一獻如五月五日、但無定日、非毎年儀、」

（31ウ）

八月

一日

御給一　白布二反

餅一合　肴等一合　小花粥一鉢　唐布一合

瓶子二　芋一鉢　枝豆等一合

十五日

菓子一合　肴等一合　毛立粥・芋、・瓶子也、

（32オ）

十八日

禪定院観音讀經

禪定院観音御讀經世俗

御料

御析　御菜七種　進物八種御比目、　御汁四　菓子八種　御湯漬　御酒　各衝重

公所

公所　菜七種　飯　汁三　小漬一獻菜二・汁一、　果子一坏大土器、　酒

侍
侍垸飯一具　菜八種口六寸折、飯一外居一尺一寸、汁三　果子二合　酒大瓶子二
北面
北面垸飯一具　菜六種口六寸五分、飯一外居一尺二寸、汁二」酒大瓶子二　（32ウ）
以上
扇三百本
廿五日
龍花樹院恆例念佛
龍花樹院恒例念佛、廻請析紙十枚兼日承仕申之、
佛供米六升　燈油二升　土器大五十・小五十、
手水桶一在杓、手巾一切白布二尺計、各前日木守請取之、廿五日世俗一向一乗院家御領方、
廿六・七日兩日大乗院家御領、東井殿（添上郡）・中井殿（同上）・越田尻庄（同上）・輿田庄（忍海郡）・曾我ア庄（城下郡）・狹竹庄（同上）・
小林（城下郡）・九条（山邊郡）・阿智我（吉野郡）、」　（33オ）
結日導師布施三斗、越田尻庄下文成之、
服薬
御服薬方如二月、
九月
九日

重陽節供

御節供、公私式如三月三日、龍花院方如五月五日、但無粽、用雜果子、

九栖毎日早旦進之、百日（山邊郡）內山內馬場年貢也、

橘皮三升、或四升、箒析スヘ名別三把下文成之、

十三日

果子一合、色〻如八月十五日、」（33ウ）

十七・八日

春日若宮祭禮見物日中儲

若宮祭礼兒共見物日中儲事、兩日共如常樂會時也、

廿日

招提寺生身供

招提寺生身供　御菜十種四寸二分角折櫃、　菓子十種同、

御飯一外居　御汁物一外居

各折櫃ニ紙立ヲシテ、爲御後見渡奉行方、爲奉行沙汰人〻賦之、御飯御後見進之、白二斗　長櫃二合在懸緒、　人夫四人用意、」（34オ）

招提寺千燈會

同千燈會油立野庄（平群郡）所進、此外勸進之油持人夫事、二人召遣沙汰人方

同御參之時御旅具調進事、御宿所雜事等事致其沙汰、沙汰人申沙汰云〻、人夫・傳馬等同召進之、

京上柿

京上柿籠二荷、或三荷隨召進之、一尺四寸、フカサ二寸、
（追筆）
「一松茸進上之、
一猿樂・田樂廷（庭カ）參一獻事」

十月

一日

食始

（34ウ）

御食始事、御析御菜七種高坏、進物八種高坏、比目、御汁四一タ、ミ、」御湯漬御菜二、御酒　榧
物・御衝重等
次菜六種菜笥ニ入之、汁三一ハタ、ミ、鉢、　飯析白米六斗、但可隨人數、薪二荷　白米薪ハ兼日召
上番下行、
酒大瓶子一出世方、大瓶子二侍、大瓶子一北面、折敷　箸、小童役也、

維摩會聽聞

維摩會御丁聞御安燈二（行）・蠟燭等隨召、松明鷲賀杣召之、諸法會御丁聞每ゝ如此、」

十一月

禪定院本願成源忌日

（35オ）

十三日本願（成源）飛鳥僧都忌日、每事如七月十四日、但御本尊無之、御經在之、析所楊本庄、

上中旬吉日大乘院御庄〻薦以下下文成之、
五節棚京上覆以下召進之、人夫隨召、

燒火頭役

燒火頭役近來事也、但已心寺殿（大乘院孝覺）以來、」

（35ウ）

十二月

京上上林

京上上林十合調進之、并諸庄人夫加下知、

元三料土器

上中旬比元三析土器事、御作手等ニ仰付之、

壽命經讀經

恒例壽命經御讀經　御布施析雜紙七百帖　世俗
菜三種合盛　汁三　飯白一升五合　折敷　酒
前數不定、大旨出世者方十七前、北面方十六前、
廿日御庄〻御菜等事（加用）下知之、院仕・上番等ニ下行、
（追筆）「院仕方御菜十二荷加用八人、上番方加用八人、」」

（36オ）

庄〻法師原等返歲事、肴二種・精進・不精進大土器ニ盛之、
兄ア・座頭一面・一瓶、自余薪一荷
御童子・辰市等薪一駄

木津童子

（山城相楽郡）木津御童子小薪百六十八束以車進之、酒直米五斗、或三斗、北面之蕪菜一荷宛進之、十
月青菜一荷宛召之、

天満巫女

天満巫女人別薪一荷進之、米二斗惣中ニ下行、宮仕請取テ又面々正月節供在之、
葺座人別薪一駄・米一升宛下行、」

（36ウ）

神殿名主九人薪一荷宛進之、人別米一升下行
御作手中一石五斗下行返歳云々、
國中作手二斗下行同、
（追筆）「天満巫女中二斗」
檜物中一石五斗幷鯛一懸同、
差檜皮寄人一斗同、
同末成庄（座カ）　一斗同、（追筆）「葺師庄（座カ）中二斗余」
（追筆）「木津御童子中五斗」
下部幷諸座雑果子下行事、
下部庄（座カ）或十合、或廿合、諸座或五合、或三合、
龍花院諸座座別或三合・酒三升、或二升、」

（37オ）

同供僧九人各五合　佛供方十合承仕給之、

御替物等諸下行事、

青緣御座　御前疊　湯殿次白緣　北面白緣

　各員數寸法不定、隨奉行命進之、

御湯殿青緣一帖　御樋臺半疊・懸莚等

供御所半帖一帖　院仕半帖一帖

衣著半帖一帖

　御座面上品莚、裏ハ布也、緣染事、座衆方申付之、

院仕方替物

（37ウ）

院仕方替物

長櫃一合、在棹、　六合外居一荷同、　居桶一口

ス、キ桶一口、在杓、　呂子一覆計　脇桶一口

　以上吉野別（當）御安堵之時ハ彼小別當沙汰也、不然時ハ御後見、

御菜筍十二口　籔二　水垂二

切板一但隔年給之、　切刀一同、

小杓一　御器巾・手巾等　スリコ鉢一口

（38オ）

以上本式如此、院仕供御所兼帯之時分也、」

御臺巾布二尺、　斗桶二杓一、

火鉢一　物コシ二

スリコ鉢一　切板一枚

納頭〔豆〕大豆一斗　炭十二

折敷大小二十束　コモ一枚

油一升　アメ

節分大豆五升　ホウロク一イリナヘ、

心經會方色々記上

以上近來分也、有名無實也、教觀法師注進也、」

（38ウ）

供御所方替物

切刀一　太郎桶一杓一、　末曾コシ二布絹、

スリコ鉢二

以上年始用、毎年、

御菜笥六　末首〔曾〕桶一大、　汁桶一

以上三ヶ年ニ一度替之、

以上近來分、自御後見渡之、

番法師方替物

（39オ）

番法師方

御飯櫃二上次、　大盤櫃二　足桶二

タコ桶二　居桶一　カシ桶二

甑三　御藥桶一　貝桶三

杓二　汲ア一　シタミ桶三

御斫米納桶一蓋覆、　水垂桶一時々給之、

御器洗桶一　定器洗桶一　煎物桶一

カワ桶二　引入伏一　定器伏一

北面定器伏一

以上小別當役也、不然時御後見、

籔三　箕三　水垂四　鏡一面電祭斫、此外立紙、　餅一合

以上本式如此、

（39ウ）

甑代二百文御後見方日記ハスエ桶代云々、　飯櫃二　箕二

沙汰人方替物

斗桶大小二　杓　カヒサシノ桶一
円鏡一面電祭析、　小豆三升十五日粥方、　小鏡二同、
スリコノ代五文
以上近來分有名無實也、徳陣法師注進、

（40オ）

沙汰人方○（交）替分
御引入一具大五・小八（×一）此内御箸臺一在之、　御机一前
御高坏三本　御塗折敷三枚一枚足付之、
御銚子一枝　御鍉〔提〕一　御炭取二角足付之、黒塗、
各二具用意之、隔年ニ一具進之、
次
高坏十二本　塗折敷黒塗・朱繪書之、員數可随修學者人數、
引入或六サラ、或四サラ、可依公達・修學者人數也、
朱鉢一口在尺、此鉢ハ二用意之、隔年ニ一渡之、
大盤具
花形定器十二枚サラ卅六、

無文定器二十枚サラ六十、
朱鉢二口在尺二、　朱盤三枚大一枚、中二枚、　鍉〔提〕二口白、朱鉢・盤ハ各二具用意、隔年、」（40ウ）

北面方替物

北面方
黑定器廿枚、サラ廿、
黑盤一枚　同鉢一口在尺、盤鉢ハ隔年進之、同前、
國合子四十枚サラ廿計、
以上本式分也、
花形十二枚サラ卅六、　無文十二枚サラ同、
二御器十二具サラ六十、　折敷十二枚
黑定器廿枚サラ四十、　サ、カラケ六十枚」（41オ）
合百廿八枚、　サラ百七十二、
以上近來分、　惣而御後見ニ納分者、　器百八十四枚・サラ三
百八十二・ヲシキ卌枚云々、　山寺御分、　近來ハ不進上故歟、
留御後見畢云々、
細々具替物等　時々、　或毎月、　毎旬、

山寺御所替物
院仕方
番法師方

手水桶二侍・北面、杓二、　手水桶二大乗院祈、杓二、
供御所桶一、杓一、
以上小別當役也、子細同前、
御幣箱　阿伽桶二在杓二、　角御炭取二、兩所御時四、各黒塗、
「（追筆）御社參御幣紙或一帖、或二帖・三帖・四帖、時々進之、□□」
(41ウ)
次歳取白『年始進之』炭貝數不定、土火鉢、　手水杓四　手巾『毎月一日』　巾布『毎旬』
御手巾『毎月一日』　箒析スヘ『毎旬』　御樋臺樻
御手洗古調、　御燈臺同、　御足駄
御尻切　御裏無　薪二荷御行水用、交替行事、
『或記云、公□絹當色依御下知調進之、』
兒當色絹帶、正月早々新調、人數不定、初參時則又進之、
燈心『毎旬』　御衝重『損次第』

山寺御所替物等
院仕方居桶一口在杓、　洗桶一口　水垂一　御菜筒五口　スリコ鉢一
(42オ)
番法師方洗桶一　湯桶一　御折樻一　貝差桶一　杓一　煎物桶一　箕一　籔一
『御髪剃布御帷進之、』
御湯殿具御行水桶一　大桶一　御搔笥三　大杓一

同次　行水桶二播筒二、　小播筒六

以上山寺御所御分、損次第隨注進下行之、

御析御引入如奈良御所、但御高坏与御鍉〔提〕略之、

次引入四サラ、　花形四枚サラ十二、　無文八枚サラ廿四、

黒定器十枚サラ廿、　國合子廿枚サラ十、

以上山寺式也、近來一向不沙汰進云々、

御洗方替物

(42ウ)「一〔追筆〕御洗方替物シキシ百、　桶一杓、　手洗二」

臨時

硯折敷　スミ　筆　乙木萱簾○本座・孫座・新座二百間之内障子紙上品・中品、　障子引手皮

障子帳フノリ　御唐笠雨笠、　樋臺之丸

同懸莚等或四枚、三枚、　長櫃同扐、御用時又申出、　外居同、同、

御社參籠御一獻菓子一合・筒一三斗、・肴一合・毛立三、

同萱簾　御入室三本物并菜嶋日中、

御出家三本物　御院務始御事一獻等

後夜入堂世俗御析　御菜五種白土器・汁二・御酒一瓶、次菜五種桶一尺五分、深三寸五分、・
汁三・酒二斗・飯析七斗・原〔厚カ、下同ジ〕折敷五束、代百文、公分木具如常、

（43オ）

受戒會一獻菓子一合・中菜・小菜・大菜・汁三・合甑一・御毛湯・一瓶

講師坊一獻等　上棟一獻

御移住一獻御事　同進物等五穀俵五、・析足十貫・絹一切・綿一屯・糸一兩・白布一反・色皮一枚・檀紙十帖・小原十帖・原紙十帖・小紙十帖・雜紙一束被納置納殿分、送狀幷注文可有之、良懷所進帳、

御昇進鎰取酒肴綱所賀礼、　寺務始[illegible]官使酒肴

正願院修二月正嚴〔莊〕頭　同院舍利講頭

淨名講頭　本經講捧物

本論講捧物　大乘院卅講方条〻

田樂頭方条〻　御季頭方条〻

華頭方条〻　馬長頭方条〻

寺家卅講方条〻　印鎰渡方条〻

（43ウ）

（追筆）
「手水桶一杓一・手巾三尺・巾布六尺・同鹿杖二、

硯廣折敷三・紙積角一尺三寸、一合、四方二尺二寸、僧綱已講、員數不定、長折敷成業・堂司等、員數不定、原折敷廿枚論匠、非成業、苧二組下結析、麻布四十反八十反配分內、但近

來ハ雜紙一反分ニ二帖、合八束也、

御供米五斗・原紙三枚・散米二升幷折敷二・原紙四枚、結日析米五斗・同酒直一斗」

大會別當坊一獻

諸座寄人御油　正月一斗五升　六月一斗五升、九月一斗五升　十二月一斗五升

御教書紙上品・中品　御消息紙引合　御雑紙各細〻被召之、

三ヶ院家等諸堂手巾・同桶・杓損次第、同箒細〻進之、燈心同下行、

御足駄　日照笠絹也、御尻切自円堂進之、細〻、　御裹無進之、細〻、

輿御綱六丈　亡（盲）目参上一献・果子一合・酒大瓶一・羹一、

綱所下ア・鎰取等下行米、或人別三斗・五斗　鎰取酒肴、

方廣會緆二帖毎御出仕進之、

京上人夫傳馬下司召馬

（44オ）

◯京上人夫・傳馬幷下司召馬事

一度別（城上郡）大市庄夫四人・下司召一疋　同（添上郡）倉庄三人・三疋・下司召一疋

同（平群郡）小吉田庄二人・下司召一疋　同（添下郡）高田庄三人・一疋・下司召一疋

同（山邊郡）九条庄三人・二疋　同（添上郡）東井殿二人・一疋

以上公事地

公事地

同（添上郡）若槻庄五人・三疋・下司一疋・公文一疋人別三十文下行、延食十文、

同（添下郡）新木庄四人・三疋・下司召一疋
同（添上郡）横田庄四人、或十人・下司召一疋人別三十文下行、延食十文、
同（城上郡）出雲庄六人・五疋・下司召一疋同、
（44ウ）
同以下同
越田〇尻庄（添上郡）三人
（十市郡）小矢部庄三人
（添上郡）中井殿三人・一疋
（城上郡）羽津里井二人・一疋・下司召一疋
（城上郡）小大田庄一人
（平群郡）三井寺二人
（山邊郡）海智庄三人
（城下郡）杜屋庄二人・一疋
（添下郡）新治庄三人
（城下郡）小林庄一人
（平群郡）服庄三人・下司召一疋
（45オ）
（城上郡）院入庄二人・一疋

（十市郡）楠本庄五人
（添下郡）外河庄三人・下司召一疋
（山邊郡）上總庄二人・一疋・下司召一疋
（城上郡）河合庄三人
（城上郡）長谷寺七人・五疋
（忍海郡）興田庄二人・二疋
（城下郡）池尻庄二人
（城上郡）草川庄二人
（添下郡）清澄庄三人・二疋・下司召一疋
（城下郡）曾我ア庄二人
（城下郡）狹竹庄三人
（添上郡）大宅寺（マヽ）人・疋・下司召（×■）一疋

(添上郡)波多庄三人　(勾)(山邊郡)匂田庄三人・公文召一疋

(高市郡)輕庄三人　(城上郡)楊本庄一円御後見方

一色地

以上一色地、仰御後見毎度此分被召之、

五ケ所聲(聞、下同ジ)門法師人別七十文下行、延食二十文、沙汰者十文、

十座聲門法師同前、同東大寺之河上法師原

悉皆奈良中止住如此也、

奈良巡人夫

(45ウ)

◌奈良巡人夫事

倉庄　越田尻庄　大市、　勾田、　服、

新木、　若槻、　院入、　小大田、　番条

出雲、　清澄、　波多、　大宅寺　横田、

草川、　河合　羽津里井、　高田、　九条、

五ケ所法師人別十文、沙汰者十文、　(添上郡)野田郷　南市以下御領

(同上)結戒　(同上)小莚

以上仰御後見召之、

（46オ）

十座法師人別十文、沙汰者十文、　法乘院郷（添上郡）　花薗郷（同上）

元興寺郷（同上）

以上

恆例臨時段錢賦課荘々

◌寺役先途等大儀之時反錢庄ミ、但近來分

楊本庄　神殿（添上郡）、出雲、倉庄　楠本、羽津里井、

大市、草川、院入、小矢ア、河合、池尻、

上總、東井殿　中井殿　曾我ア、狹竹、越田尻、

小林、九条、興田、森屋、小大田、中津鳥見（添下郡）、

龍花院新田　新治、西山（添下郡）、小吉田、海智、横田、

窪城（添上郡）、福田（平群郡）、目安（同上）、古本新（木）（十市・高市郡）、古木本（同上）、伊豆・七条（添下郡）

番条（同上）、淨照田（添上郡）、長屋（山邊郡）、大宅寺、匂田（勾）、尺度寺（葛下郡）

（46ウ）

波多、新免（添上郡）、村馳（山邊郡）、福嶋市（添上郡）、鳥見（添下郡）、豐國（葛下郡）、

若槻、高田、新木、外河、三井号三井寺庄、或号法輪寺、、服、

八条（城下郡）、小路（十市郡）、田井（山邊郡）、備前（城下郡）、糸井（同上）、五位（高市郡）、

立野（平群郡）、　西井殿（添上郡）　清澄、　中庄（添上郡）

恒例・臨時御用毎度被仰付之、庄々如此也、

維摩會威儀供賦課荘々

○維摩會威儀供庄々御分幷良家・西座・御同學躰給之、

出雲庄　大市、　院入、　越田尻、　高田、　新木、

小大田、　横田、　河合、　草川、　新治、　八条、

西山、　曾我ア、　森屋、　池尻、　海智、　小林、

上總、　匂（勾）田、　若槻、　三井、　淨照田　大宅寺

小吉田、　服、　九条、　羽津里（井脱）、　波多、　清澄、

田井、　狹竹、　尺度寺　倉、　東井殿　西井殿

中井殿　長谷寺執行

以上一前別六百文宛

（47オ）

白布賦課

○御出仕之時白布下司・公文等被仰付分、

楊本庄（三反下司・一反公文）　倉、（一反下司）　小吉田、（一反下司）　新木、（一反下司）　番条、　外河、（一反下司）

一反下司東井殿　一反下司大宅寺　一反下司高田、　二反下司上總、　二反下司若槻、　三反下司清澄、
一反下司服、　一反下司羽津里井　二反下司横田、　一反下司小矢ア、　三反下司出雲、　小山戸、
中井殿　小路、　楠本、　草川、　新治、　豐國、
一反下司大市、　楊本公文　二反下司勾田公文　二反若槻公文
以上一反別五百文」

（47ウ）

◌諸末寺御用寺〻
長谷寺　菴山（正暦寺）　内山（永久寺）　釜口（長岳寺）　三輪（平等寺）　安位寺
中山（興法寺）　萱尾（圓樂寺）　信貴（朝護孫子寺）　隨願寺　橘寺
以上御用錢等在所也、仰付御後見、
法貴寺　正法寺　已心寺　極樂坊　新禪院　極樂寺
竹林寺　新淨土寺　五智光院　正豐寺　源樂寺
以上
大安寺　笠置寺　四恩院　成身院　南法貴寺　小塔院
常喜院　東金堂　同法報講　西金堂

以上御巻數等進上寺也、

巡湯頭

（48オ）

◌巡湯頭、近來分

正月五日倉庄五百文　十二日出雲庄五百文（四百五十）　十七日服庄四百文
二月二日小吉田庄四百文　七日長屋給主　十二日横田給主
三月三日河口給主（越前坂井郡）　七日勅願納所
四月二日一切經納所　七日草川庄　廿七日曾我ア庄
五月五日番条給主　七日狹竹庄　十二日越田尻庄
六月二日御後見　十二日大市庄　廿二日新治庄（新治庄（×給主））　晦日行事
七月二日三井庄　七日曾我ア庄　廿二日出雲給主
八月二日坪江上郷（越前坂井郡）給主　十七日九条庄（二　小大田庄）　廿二日院入給主（七　勾田庄）

（48ウ）

九月七日羽津里井庄　十二日九条庄　廿二日院入庄給主
十月七日新木給主　十七日伊与法橋
十一月二日相撲寺主　十二日二階堂給主
十二月二日楊本庄　十二日若槻給主　十七日神殿庄　晦日行事

閏月上下北面輩

巡湯ハ毎月二七日立之、燒立事一円頭人役也、或又行事方ニ以代物如庄家沙汰申付事常儀也、自頭人方雖燒之、湯殿事悉皆行事令檢知、無越度之樣可申付者也、以番帳之面、自兼日行事相催者也、行事給分飯高間田五反(十市郡)宇石クラ、幷地獄谷山細々御行水等用也、」

(挿紙)「今案御風呂次第

一番　公方　良家　坊官　遁

　此外非衆可隨宜也、

二番　坊官　侍　中童子少々　小性共

成舜法橋　吉久　覺朝

專親　良鎭　舜信

賢春　德阿　木阿

橫坊　遁

　此外非衆可隨宜也、

三番　中童子少々小性共　明恩（×▓▓）（專・祐）　善賢
堯音　堯順　順円　憲明
竹千代　宣房　春辰　梅千代　春若
宗順　舜勝　宗禪　舜恩
三乃（三）　九郎　遁
此外非衆可隨宜也、」

（49オ）

◌諸庄御疊用途事
高麗御座面裏莚一帖別代六百文
一帖　神殿庄、御後見進之、二帖　楊本庄、御後見進之、
一帖　出雲庄　一帖　倉庄
二帖　楠本庄、松林院進之、一帖　三井庄
一帖　服庄　二帖　横田庄
一帖　古川庄（山城相樂郡）

紫根紫、面裏莚、一帖別代五百文

二帖　（高市郡）輕庄　一帖　小矢ア庄、松林院進之、

二帖　大市庄　（覺朝）對馬公御給　一帖　草川庄

一帖　八条庄　二帖　越田尻庄、極樂坊御寄進大安寺殿御寄進狀尊琳房返進申付□且□寅明分、

一帖　興田庄　二帖　海智庄、法貴寺公文進之、□賀方足向了、

一帖　河合庄　一帖　院入庄

二帖　新治庄、南鄉進之、一帖　羽津里井庄、定使千菊丸進之、

侍公鄉白緣現到來分

三帖　小吉田庄、立野進之、一帖但紫也、五百文也、小林庄、法貴寺公文近來代二百文、

以上

（49ウ）

◌大乘院宿直米事、　木守食与同

本四斗倉庄白米一斗十二月晦日納之、二升、　草川庄三斗二月、

大市庄四斗三月代四百文云〻、　出雲庄九斗四月、

本四斗羽津里井三斗九月、　楊本六斗十一月、

（50オ）

大乘院宿直米

楊本六斗十二月、（本一石二斗）　池尻庄二斗近來無沙汰也、

合貳石九斗也、又二石九斗御所奉行給之、如木守米當月取納之、都合五石八斗歟、

（50ウ）

供御所御菜用途

○供御所御菜用途事、每月致其沙汰、

自朔日四日河口給主二百文　四・五日（六日）楊本庄百文

七日小矢ア、松林院百文（五十）　八日神殿庄五十文

『近來下向廿日ニ出之、』

九日長屋給主五十文　十日勾田庄五十文

十一日大市庄五十文　十二日小（×大）吉田庄五十文

十三日新木庄五十　十四日羽津里井五十

十五日若槻給主五十　十六日横田庄

十七・八日外河庄給主百文　十九日・廿日坪江上郷給主百文

廿一日院入庄五十　廿二日越田尻庄五十

廿三日伊豆・七条給主五十　廿四日番条庄給主五十文

廿五日出雲庄五十　廿六日狹竹庄給主五十文

廿七日大宅寺　廿八日清澄庄

」

(51オ)

廿九日服庄　　　卅日草川庄
　此外曾我ア庄三百文　淨照田　坪江上郷
以上當月前日催催(衍カ)之、兩所御膳料也、閏月同前、

◯院仕御菜米庄〻、毎月致其沙汰、
楊本庄二斗八升一年分五石七斗七升八合云〻、　大市庄一斗
草川庄一斗　　河合庄一斗
狹竹庄一斗　　小吉田庄一斗或一斗二升、
越田尻庄一斗六升　　倉庄一斗二升
同下司六升　　羽津里井、六斗升歟、
　合十四(六)石五斗二(七)升院仕納之、毎日出世・〻間・北面以下汁・菜用意之、公方・涇以
　下一獻御箸等沙汰之、
但楊本庄分合五石七斗七升八合上之、廿七名〻別二斗一升四合宛、
　　壬月分定可有之、

年中御薪用途

（51ウ）

○年中御薪用途事

倉庄一貫五百文并米一斗八升　大市庄二貫文、此外百文橘皮代、

小吉田、六百四十文并米八升　出雲庄三貫二百文

狭竹庄六百文并米一斗　草川庄七百廿文

河合庄七百廿文

合九貫四百文

炭

○御炭事、自九月九日進之、

倉庄六百文　大市庄四百八十文

小吉田庄五百卅二文　若槻庄二貫文

（52オ）

狭竹庄六百文

合四貫百十五文欤、一角取別廿文宛、

服薬

○御服薬庄ゝ、二季彼岸召之、

倉庄現一字五百二季一貫也、　大市庄五百文

年中油事

小吉田、四百五十文　九条庄四百文
三ヶ井殿無之、近來、
　以上、自余雜色・御後見進之、

（52ウ）

○年中御油事
正月分一斗五升　符坂以下御後見進之、
六月一斗五升　同　九月一斗五升
　此外符坂寄人・御後見方致其沙汰分
五斗五升　定使分三升云々、
十二月一斗五升矢木座衆沙汰、同進之、
四月　五升　神南院御油、名主光舜僧都進之、
十月　五升　福田院御油、東發志院進之、
十二月　一斗　（廣瀬郡）箸尾濟恩寺　納所竹內
　一斗　同澤庄　同
三升　新堂号新口、同

（53オ）

二月　一斗　河内木村寄人、名主南院分又一斗在之、
　　三升　中村　　同

此外

三斗　箸尾澤庄、發心院取沙汰奉行分一斗給之、近來無沙汰、
一斗　同名主分　納所寛円大納言得業ニ給之、
一斗　宇多志那名主因幡寺主（胜舜）進之、
二斗　丹後庄　安位寺殿（經覺）ニ進之、
（追筆）「四升本一斗也、目安庄　二階堂修正方、」
二斗　立野庄招提寺千燈會方田地五丁二反、反別一升宛、長器、
一斗二升　同龍花院藥師御油、納所順堯法師田地同、
一斗　窪城二階堂修正御油　田地五反

（53ウ）

宅公事也、
一斗　田原本正願院千燈會方此外二升名主分、　因幡寺主
八合
一升　正願院方塩シタミノ座□（座カ）此外一升十合器、名主分、又定使ニ五十文、
八升　新免庄年貢四反地子
一斗　尺度寺庄正願院千燈會方半分ハ御米之內引之、半分名主・百姓、

一升　黒味會座、御後見分

二斗　万歳座寄人　納所法輪院此外三升納所分、

三升　火鉢座　御後見分

四升（六）　新免庄年貢六（×二）反地子本十合器一斗二升也、請文在之、

三升　飯室庄（カウシノ座）・五位庄之内此外色々公事物在之、　定使正願院方納所寛円、

燈心御後見進之、土器作手方進之、小童請取之、

（山邊郡）布留郷
一指柳御油　正願院方取納之、一斗欤、近來三升未進、到來七升、」

京上瓜

（54オ）

◌京上瓜等

十合　古市　　十合　豊田　　十合　萩別所　　十合　南郷

五合　奄治辰巳　　十合　小泉　　十合　松岡但立野、　　十合　鞆田

十合　松立院　　十合　一切經納所　　十合　勅願納所　　十合　佛地院

卅合　松林院　　十合　同別進　　卅合　御後見　　十合　二階堂給主

五合　院入給主　　十合　新木給主　　十合　横田給主　　十合　出雲給主

廿合　番条等給主

十合別五宛入瓜在之、奉行分、各籠代進之、於不足籠、御力者役也、竹ハ倉庄進之、
（十歟）
一﨟法師支配之、竹大市庄同進之、」

（54ウ）

例進瓜

○例進瓜事

百二十合　若槻庄日次瓜也、五合別一宛入瓜在之、籠代錢沙汰之、名主等役也、

十合　長谷寺　　十合　春日御師

此外ハ楊本庄、員數不定、

京上柿

○柿京上

果子二合代一貫、　松林院　　二籠口一尺四寸、　一切經納所

二籠　　勅願納所　四籠　　御後見

此外入次第ニ諸給主ニ召之、二籠宛、」

京上菓子

（55オ）

○菓子京上上林、等

十合　松林院代一貫五百、　十合　御後見　十合　坪江兩給主代五百宛、

茶

十合　一切經納所代一貫、　十合　勅願納所代一貫、　十合　倉庄下司

十合　楢原　十合　長谷寺代一貫、　十合　御師

◌御茶進上所ゝ

十袋　松林院　十袋　己心寺　十袋　極樂坊　三袋　智惠光院

廿袋　正法寺　廿袋　長屋納所　十袋　成身院鬼薗山年貢也、丑寅角川以南、

（55ウ）

馬飼料

◌御馬飼

五石八斗　出雲庄御米內　二石六斗　同給主

一石九斗二升　倉庄　藁三百八十束　同

七斗二升　大市庄　同藁代三百文　同

九斗六升　同庄　同藁代六百文　同

二斗八升（七斗二升）　草川庄　同藁代七百五十文　同本九百文、

四斗八升　同庄　二斗四升　河合庄

藁代三百文　同河合庄　四斗八升　同庄

藁代六百文　同庄　　一石九斗六升　曾我ア庄

一石四斗　狹竹庄　　六百文　横田庄

六貫五百文　同横田庄

合十六石八斗四升　八貫七百五十文

（56オ）

「八石（追筆）　楊本庄分在之云々、八ヶ庄分也、ワラ三百束代、倉庄分在之、」

牛飼料

◯御牛飼

一石五斗　大市庄　一石五斗　草川庄　五反　若槻庄田

一石四斗四升倉庄（×此外木津以下諸公事等在之）　外（山城相樂郡）・・・・・一石七斗四升越田尻庄　一石五斗　川合庄

此内木津庄者共公事在之、御牛飼千代松丸請取之云々、

赤土器兄部給

◯赤土器兄ア給分

三石九斗一升　在田庄負所米（濟恩寺）　百七十五文　公事錢同

當庄井關名三名ヨリ負所米出之、寛正五年名主一名左近　一名式ア　一名木左近太郎

塗師作手給

（56ウ）

○塗師御作手給

一丁　神殿庄　五反　三橋庄（添上郡）間田　三反　新木庄

年始替物等自御後見申付之、又被召仕之時半食下行五十文、

經師給

○經師御給

五反半六斗代、　神殿庄　三反　三橋庄間田新宮拂治析田

檜物師給

○檜物師給

一丁　神殿庄　楊本庄公事米　東山内

時〻木具自御後見申付之、召仕半食、

繪所給

（57オ）

○繪所給

一丁八斗代　越田尻庄　三反（×五）九斗代（五歟）　倉庄

上番田

○上番田

一丁二反　神殿庄

沙汰人田

○沙汰人田

一丁　神殿庄

銅細工田

○銅細工田至永享六年致知行畢、

七反半　倉庄

（57ウ）

辰市御童子田

○辰市御童子田

三反字ヒツメ、　三反ウシコ、　三反ヒノシリ、　二反モソ井、　二反キツ子タ、

三反ニシハノツカ、　三反ウシコ、　合一丁九反越田尻庄

二反字ヤシマタ、本ハ三反也、近來二反ヲ一石二斗ニ請定了、百姓向、大安寺之西浄照田之内歟、

郡奉行

○郡奉行

西大寺方

添上郡　添下郡　山邊郡　廣瀬郡　城上郡　城下郡　十市郡　葛下郡
招提寺方
平群郡　葛上郡　忍海郡　高市郡　宇智郡　宇多郡　吉野郡

（58オ）

龍花樹院御所奉行

○龍花樹院御所奉行
八百文二月、八月、　尺度庄　麥二斗　曾我ア庄
一石二斗正月、十月、　狹竹庄　正月一日ヨリ廿日マテ現夫毎日一人　越田尻庄
七月現夫　同正月　越田尻庄

（58ウ）

法乘院御所奉行

○法乘院御所奉行
御所跡近來被立在家、彼畠屋敷地子被付奉行分畢、
院中ハ南北行二十五丈二尺限北氷室前大路、
東西行二十三丈馬場五丈定、左京三条八坊十一坪歟、

新宮社神供田

○新宮社神供田

三反　越田尻庄神人納之、「（追筆）三反　三橋庄新宮拂治等經師方注文ニ加之、」
燈油　己心寺出之、「（追筆）坪江牧村請口九十三貫之内三貫文也、」

辰市御師祈禱料足

（59オ）

◌辰市御師御祈禱料足

三貫五百文　勅願三十講神供　十貫文　坪江鶴丸名上分
河口庄本庄郷五所上分米代　綿　絹　第三ノ御殿分御師四両殿　一二御殿ハ神主、若宮ハ別神主、
田一反　西京今林之内九条出口　辰市小莚郷一円
「（追筆）細呂宜（越前河口荘）綿一屯　近來ハ給主定使ニ事付云々、本庄郷十日御供十一石代十一貫
自松林院山道庄（摂津菟原郡）上分七石　自松林院春木庄（和泉和泉郡）上分
自松林院武庫庄（摂津武庫郡）上分」

知院事給

（59ウ）

◌知院事給

八石四斗八升　若槻庄　一町三反大六十ト　伊豆庄
七石　新木庄

西京火鉢作田

御後見前節米荘々

（60オ）

○西京火鉢作田

四反 在所薬師寺八幡宮之上山キワニ在之、御作手二人各二反宛、新木庄之内也、

○御後見前節米庄々

一石二斗并一貫文　小林庄　九斗　出雲庄
九斗并五百文　海智庄　五斗　倉庄
一石二斗　越田尻庄　一石二斗并一貫文　川合庄
一石二斗　東井殿　一石二斗　中井殿
一石二斗　西井殿　一石二斗并一貫二〔三〕百　小吉田庄
一石二斗并一貫三百五十文院入庄　一石二斗　新木庄
一石二斗并一貫文　服庄　八斗　小矢ア庄
二石七斗　楠本庄　三斗　曾我ア庄
一石二斗　狭竹庄

諸給分

上北面良祐分

同良宣分

(60ウ)

◎諸給分事

上北面良祐分九斗二升代一反 六斗五升代二反 八斗代二反 七斗代五反 六斗代五反

出雲庄間田号水分田、　一町五反　同間田卅一坪、　(〆七)六反半六斗代、

倉庄間田　七反半　同田　一丁二反

(山邊郡)藤井庄畑御米　十六石　出雲庄間田廿七坪、　四反八斗五升代、

上北面良宣法橋

出雲庄間田六斗代、七斗代、六反　新治庄公事錢二貫文

(61オ)

辰市畠地子(今林)五斗十合器　濟恩寺三反 添上郡右京三条三坊四坪七反之内中三反、字鎌田、 御領三反之内也、

河口庄關郷・王見郷田成畠錢六貫文

新免田之内一反半八斗代、　一貫文番条夫賃之内

(宇陀郡)大熊四郷請口之内二貫文

同専賢分

上北面専賢法橋分

出雲庄間田檜垣田、一町　新木庄間田　一町一反

拾貫文　番条庄夫賃内　二貫文　若槻庄西願名析口番条沙汰也、

二貫五十文　倉庄歳花代

（61ウ）

同賢秀分

上北面賢秀分

倉庄間田六斗代、二反　越田尻庄間田四斗代一反、六斗代四反、　五反

六石七升六合四勺陽〔楊〕本庄之内良義名　五 四石四斗　同庄是松名

一石　同庄御米内　五石　同御米内

免引物在之、九石二斗　神殿庄御米内　四石六斗　出雲庄御米内

三石　同御米内　倉庄間田　二反六斗代、

五百文　草川庄御藁代之内　一石四斗　狹竹庄御馬飼

三石　若槻庄御米内　四貫文　越田尻庄春秋夫賃

小桓内 飯高庄間田三反三斗代、歳末七十宛、　五貫文　田口庄（宇陀郡）請口之内

（62オ）

二貫文　同高野關析　綿一屯　細呂宜上方之内

綿六屯　坪江上郷之内疋田名之内
一貫文　小五月納所分　　御油三升新堂分、　御油納所分

同光秀分

同光秀分
五石　尺度庄御米内　　綿一屯　細呂宜上方之内
綿二屯或代二貫四百文、　溝江（越前河口莊）郷之内　　五十貫文　坪江藤澤名請口内
二十貫　勅願上郷分

同圓秀分

（62ウ）

同円秀分
綿七屯半　坪江郷後山方、深野洞山寺沙汰分　糯二袋・茶二十袋在之、
近來悉皆九貫百六十五文ニ請定云々、
食事分下行之、大略以小五月錢内三貫文給之、
綿二屯　細呂宜上方内　　二石　楊本庄御米内十乘之闕分、
坪江郷之内貞依名十乘之闕分、　五貫文　鶴丸名請口之内
（追筆）「新免之内五石承阿ミ闕分、自文明七年、　若槻庄　十石免可有之、傳法院闕分、自文明七年、
」

（63オ）

大宅寺大川負所納所二月十九日御講余分　若槻庄　四石五斗免有之、井坊闕分、」

同覺朝分

院入庄間田天竺田之内、　五反

一貫文　上總庄菓子公事錢

一貫文　大市庄疊用途

十三石　出雲庄御米內

七石四斗五升免引物在之、　高田庄御米內

十貫文　得丸名（越前河口莊本庄郷）請口之内

一貫文　兵庫鄉（越前河口莊）公事錢

濱鄉（攝津川邊郡）請口之內四貫文

二貫文　同請口之內大宅寺夫賃二貫替地也、

」

上北面成舜分

二斗四升　大市庄御馬飼三ケ度分、七斗二升、

三百文　同庄藁代三ケ度分、九百文、

二斗八升　草川庄御馬飼

二百五十文　同庄藁代內

二斗四升　河合庄御馬飼

三百文　同庄藁代

新免田之內　一反半八斗代、

綿一屯　細呂宜上方內

（63ウ）

一貫文　本庄鄉御油代

五貫文　關鄉（越前河口莊）・王見鄉色〻錢之內夫賃在之、

」

四百文　新庄郷（越前河口莊）供御所用途　　一貫文　大口郷（越前河口莊）公事錢
一貫文之内
五百文　同郷糯二袋代　　二貫　細呂宜上方御米内
濱郷請口之内三貫文　　一石六斗新免奥方御米内三丁二反御米内也、
十一石　出雲庄油免納所御油八斗三升代米、

同成實分

十貫文　鶴丸名（越前坂井郡坪江郷）請口之内　　二貫文　細呂宜上方御米内
綿一屯　同之内

同成實分

上北面實盛勾當分

（64オ）

二石五斗　出雲庄御米内　　狹竹庄三反一石四斗、御承仕田、極樂坊返進所也、
同庄間田　三反六斗代、輿行田、　　三石　若槻庄御米内
六石六斗七升同庄龜松給　　新木庄間田五反五斗三升代三反、六斗代二反、
本十四石也、
十貫文　同庄夫賃　　藤井庄畑御米内二石返付良祐畢、
三石　波多庄京上夫賃　　九石一斗八升八合四勺新木庄覺松名一丁八反欤、公文名、

同實盛分

新木庄間田五反事、自明教方息女ニ付テ山村方ェ遣之、自山村亂慶方連臺寺ェウル畢、
明教子孫斷絶之間、召返公納、明教一期之間ハ奉公無爲之間不及是非者也、」

「（插入文書）（越前坂井郡）
鶴丸方六十三貫、
五貫　堯順　十貫　上分　十貫　善賢　八貫　舜專　十貫　吉田　二十貫　柚留木
鶴丸名御年貢六十三貫文事、國儀被致計略令取納、春日上分幷諸給人方可被支配由、
□（被）仰下候也、恐々謹言、
十月九日
吉田殿
善賢殿」

同専親分

（64ウ）
越田尻庄間田　八反半　匂（勾）田庄定使田三反
七
五貫五百文坪江後山方綿代鳥越請口分、
濱郷請口之内三貫文

同専祐分

同専祐分
六貫文　坪江内田名請口之内福智院之闕分、　綿七十文目

同良鎮分

（65オ）
上北面良鎮分
四石六斗六升六合　大市庄御米内　　六石六斗六升六合　中井殿庄御米内
二石○五斗　若槻庄御米内　　四石二斗八升七合　田井庄負所米内
八貫文　鶴丸名請口之内　　綿七十文目

大童子吉久分

大童子吉久分
四石　尺度庄斗米田地四丁五反云々、　　五石　高田庄御米内
大楊生庄之内上殿（ウエトノ）郷公事物柴代毎月三十文六月六十文、歳末木一荷、
正月同上品木一荷・餅等少々、當庄ハ春日神供領、領主勸修坊、
（65ウ）
三反但御童子田也、大安寺ニ在之之間、一石ニ請定云々、浄照田之内歟、三反各六斗代、字ヤシマタ、　　信貴山定使同御童子方歟、

（挿入文書）

「

御恩方

一坪江郷北方・立田・乙部谷事

一宇陁郡（應永元年八月十三日御奉書、玄円奉行、）

一楊本庄二石

一若槻庄二石

已上

供方

大乗院　東御塔

北円堂　天野

東金堂御塔供（近年無之、）

大發志院　御留守

」

上北面良弘分

良弘分
（追筆）「慶藤丸ニ給之、自文明八年、」
八石九斗　若槻庄御米内　　（越前河口莊）山荒居請口之内三貫文
（追筆）「春阿ミニ給之、自文明八年、」
大熊四郷請口之内　三貫文

下北面重増分

○下北面重増分　（追筆）「悉舜恩法師給之、自文明七年、」
倉庄間田五反八斗八升代四反、六斗代一反、　院入庄間田二反三斗九升代、字マヒシヤク、
不知行、
一石六斗　小矢ア庄御米升口、　新木庄間田三反六斗四升代、
横田庄間田六反瓜析足反別四十文、歳末析足反錢廿五文、請析反別六升、二月、
高田庄間田八反　　一石　福智堂油米近來佐河取沙汰之、
（66オ）
油一斗二升　立野庄沙汰龍花院方、

同懐全分

下北面懐全分
倉庄ワリタシ、　七反　　同庄　七反
一石　羽津里井庄中司給御米内、　大市庄中司田一反
（追筆）「羽津里井庄間田一丁四反」

院入庄間田五反天竺田、五反也、　草川庄間田三反
狭竹庄下司田一丁半六斗三升代、　同一反四斗代、　左馬寮一石九斗云々、
（追筆）「川合庄間田一反」
新木庄間田五反　二反、字ミソマタケ、高田庄間田五反定地子四斗代、公事三升宛、
一石　大市庄御米中司分先年普賢堂請申時、一庄注文ニ無之由公文無沙汰之間、種々問答、仍致其沙汰、不入注文条、令越度也、

同懐英分
五石　楊本庄御米内　番条庄納所田之内一丁
一石　出雲庄御米内

（66ウ）

同實英
倉庄間田ワリタシ、四反　同間田九反倉庄分、惣而一丁三反給之云々、
二石三斗三升大市庄御米内　狭竹庄間田五反七斗代、
田井庄間田六反六斗代、
（伊賀阿閇郡）大内庄中司分析足一貫文、

（67オ）

同英建分

下北面英建分

小林庄間田四反七斗代、黒田、公事錢反別四十八文、　五石　高田庄御米内

一石四斗　田井庄御米内負所、合名、　二石五斗　若槻庄御米内

越田尻間田二反六斗代、　草川庄間田三反五斗代、七公事錢反別四十八文、

兵庫郷切田之内三分一、四十二石六斗六升六合六勺六糸

本庄郷新本田成畠錢卅貫七百四十七文之内五貫文

上北面方諸職事

(67ウ)

◌上北面方諸職事

向渕御講預　専賢法橋

北円堂御承仕

伊豆庄八反大三斗代、　専祐　八反大三斗代、　良祐

大乗院御承仕楊本庄染米三斗、　専祐　同七月十四日供養方　専祐

禪定院・龍花院等　専祐　院入十講方　良祐

沙汰人神田〔殿〕庄五反　成舜　同五反　良鎮

下北面方職事

（68オ）

◌下北面方職事

下文賦　懐全　用定人楊本庄御米内一石三斗　懐全

湯行事飯高庄五反三斗代、歳末反別七十文、　懐全・懐英付地獄谷知行、

春日八講北廊床行事　下北面一﨟

上下北面随宜職事

（68ウ）

◌上下間随宜職事

諸山薪納所　懐英　諸庄炭納所　良鎮

（「山」の傍に「庄」）

御米納所　賢秀・成舜

供御所役人　専親・懐全

院仕教観分

◌院仕教観分

狹竹庄間田　三反　一貫文　番条庄夫賃内

新木庄間田　三反四反云々、　諸庄御菜米納之、如右、

横田庄間田　二反

同教淨分

同教淨分
四斗八升（二季分九斗六升）　大市庄御馬飼　　六百文　同藁代

遁木阿彌分

（69オ）

◌遁木阿弥分
一石三斗　勾田庄傳法院名、平八名、一童之闕分、　　七石　尺度庄定米
三反　同庄錢成分　　（越前河口莊）新郷之内四名、加野若狹請申分、十貫文
一反　（山邊郡）牟山庄定使田

座法師方給分

座法師方給分御力者一臈自專之、
一反能登川邊、号唐笠持田、　一所法乘院御所木守（×▓）屋地子
一所隠奥鳥居前地子、
御領内唐笠持座衆号御所、

御童子千松丸
小法師丸分

（69ウ）

◌御童子千松・小法師兄弟分

神殿庄間田一丁　二石出雲庄御米内
櫟本狗尾田一丁　小大田庄間田三反長谷定使田云々、
中山寺定使
春日祭方御馬屋方　自九条殿、行久兵衛太郎ニ付之、被進之者也、
行久――彦太郎――小法師丸
　　　　　　　　―千松丸

同晴若丸分
御童子晴若分
越田尻三反字ウシコ、辰市御童子田之内也、　同三反字ニシハノツカ、古河丁同、
淨照田二反字柚木ノツラ、

同千菊丸分
(70オ)
御童子千菊丸分
羽津里井庄定使田一反　十市郡之内、應永十六年四月廿六日犬子承給之、常葉間田下五反近來不知行云々、
(追筆)「木本庄藥師錢　一貫文」
草川庄定使給田無之、郡使方也、　河合庄定使同、同一石二斗也、
(追筆)「楠本庄大乘院宿直米一石二斗十一月・十二月分　小矢ア庄同宿直米二斗近來定、」

同入道丸分
御童子入道丸分
釜口定使　二貫文

同十郎丸分
御童子十郎丸分
五斗　倉庄佃方定使別給也、

（挿入文書）
「十郎之舎弟カメニ仰付御給分
越田尻間田一反半　出雲御米一石免有之、
高田庄定使田四反古市方切田之内、　新免一反半半ハミソシロ、
同公事物七月盆供
以上正陣闕分

十郎ニ仰付分、又同息藤千代ニ仰付分事
越田尻間田一反半　新免四反ヒワノ小路方、」

小林庄間田一反号但馬間田、
以上徳善分正陣之マコ、
此内又御成敗十郎申入分
子息御恩事
十郎丸之子ニ此内仰付分藤千代、
新免四反ヒワノ小路分、　小林間田一反但馬、
若槻庄御米一石　　鞆田定使
以上
文明五年十二月廿五日
」

力者正陣分

（70ウ）

◯御力者正陣分（追筆）「正陣之闕分慶市法師給之、文明四・六月　日 止奉公之間、又十郎之弟ニ仰付之、」
越田尻間田一反半　　一石　出雲庄御米内損免有之、
（×越）（×尻）高田庄定使四反　　新免　一反半半ハミソ田、
（追筆）「高田庄公事物色々七月盆 月迫、」　高田間田一反半　慶万知行之由申、

同徳善分
◌御力者徳善分十郎之弟ニ仰付之、
越田尻間田一反又半アリ、　新免四反琵琶小路方、
小林庄間田一反号但馬間田、（追筆）「十郎、」

同徳陣分
（71オ）
◌御力者徳陣分
一石若槻庄御米内　　横田庄間田二反畠云〻、吉岡ニ給之、慶万子、又一反田在之、合三反、
堯懃ニ仰付之、
一斗　保田庄定使給自地下、　一反越田尻間田辞退之、仍給慶万、
□□□定使
〻〻〻

同慶力分
御力者慶力分
狹竹庄定使田三反　　北円堂花摘七条庄六反半四斗代、
內山寺定使　　平等寺定使
安位寺定使　　長谷寺定使
木津　定使　　新木庄定使田六反

同慶徳分

（71ウ）

御力者慶徳□〔分〕

神殿庄間田一反（×■）　河合庄間田二反

若槻庄定使田二反半　北円堂花摘七条庄六反半四斗代、此外六反半斗代同前、堂童子知行之、

同慶萬分

御力者慶万分

神殿庄間田三反半　越田尻定使田三反此外一反徳陣之闕分給之、

横田庄間田三反吉善、　小林庄負所五斗

高田庄間田一反半

同徳市分

（72オ）

◯御力者徳市分「（追筆）十郎弟ニ仰付之、」

神殿庄間田三反　一石若槻庄（出雲庄）御米内

横田庄間田一反九十ト　一反（山邊郡）鞆田庄定使田

萱尾寺定使慶力法師知行、　大内庄定使慶力法師知行、

牛飼千代松分

◯御牛飼千代松分「（追筆）孫六・菊松兩人ニ給之、」

一石五斗大市庄　一石五斗草川庄

五反若槻庄間田　木津以下公事物

一石四斗四升倉庄　一石七斗四升越田尻庄

一石五斗　河合庄」

（挿入文書）

「辰市御童子田　長享二年戊申九月十日

長春辰丸御童子共ニ相尋注進　越田尻庄

二反アサナスミ田　一反アサナ野田　合三反者　藤松御恩地作

三反アサナフルカワ　三反アサナ廿カツホ　合六反者　弥七御恩地作

三反アサナ廿カツホ　合三反者　サコノ次郎御恩地作

三反アサナフルカワ　合三反者　次郎御恩地作

二反アサナミソヽ井　一反アサナキツ子ツカ　合三反者　十郎御恩地作

一反アサナ　合一反　長分春辰御恩地作

都合〔十〕一丁九反

三反アサヽ八嶋田大安寺ニアリ、長春辰分

向方一石二斗、定地子ニ請申、
以上二丁二反者、寺門反錢・反米無之、」

同石松分

（72ウ）

御牛飼石松分
堯懃方公納
一石　出雲庄御米内
一石　若槻庄御米内

大盤仕丁五郎太郎分

◯大磐〔盤〕仕丁五郎太郎分

別給輩非衆分

◎別給輩、非衆分

慶英分

慶英分、一期後皆以召上之、公納
公納也、二十貫文　荏山壺錢之内　公納也、七貫文　勾田庄夫賃
公納也、三反　淨照田之内舜円房之闕分、　一反　同坊領歟、」

覺守分

（73オ）

覺守分、「貞海ニ仰付之、」〔追筆〕

六反　淨照田号禪定院弥勒御堂上生講田也、

專秀分

專秀分阿ミタ院円蓮房、

竹内納所
三石　中津鳥見庄三唐臼、倶舍米納所仙觀房之闕分、

四反大　越田尻庄下司田小泉御恩也、　一町四反　龍花院御所同庄之内御留守供

昌懷分

昌懷分

若槻庄定米之内五分一付損免奉行事也、　三町五反越田尻庄箕田名主職

弉弘分

弉弘僧都分

（73ウ）

四丁三反　新免田之内

俊藝分

俊藝分

三貫文　坪江牧村名請口之内陽源房之闕、

通祐分

祐賢分

長田家則分

坂七郎分

仁英分

（74オ）

通祐分（吉田）

十貫文　北円（國）公用之内三位房闕分、

祐賢分（見塔院）

二貫文　坪江牧村請口之内

筑前守家則（長田）分

五貫文　北國公用古市分給之、

坂七郎、御馬方奉公故

一反　新兎田之内

仁英得業分

五貫文　坪江（溝）郷之内末村名請口、

［寛清後室分］

十輪院寛清寺主後室分

四貫文　坪江吉宗名請口「(追筆)円秀ニ給之、」

［榮秀息女分］

藥師院榮秀法眼息女尼分

（74ウ）

綿二屯・絹一疋　河口庄(本庄)秋恒名分「(追筆)文明二年被給縁舜法眼了、但公納、使武友、」

［重藝分］

(柚留木)重藝法橋分

二十貫文　鶴丸名之内　　二十貫文　細呂宜上方之内

攝州濱鄉代官職廿貫年貢進上之、　　十貫文　坪江藤澤名内

［光宣分］

(成身院)光宣法印分

五貫文　細呂宜上方之内當座儀也、　　綿五屯　同内同儀也、

十石　横田庄御米内　　十石　出雲庄御米内

倉庄給主等一同一期後者可返進之由申定之、

森徳阿彌分　（75オ）

森徳阿弥分
二貫文　細呂宜上方内
兼實長勝房分、衆徒宇多坊之闕所相承之、
三貫　本庄郷内
給主定使取断之云々、」

坊官侍等給分　（75ウ）

○○○坊官・侍等給分」

清賢分　（76オ）

（成就院）清賢法橋分
坪江下郷給主職蓮道・小山・三ヶ浦・同新開等、百貫文
坪江郷内十樂名　綿六屯幷十五貫文
坪江郷内小山之綿四屯幷四貫文
坪江郷内
若狭國耳西郷（三方郡）請口五十五貫
野田尼公坊地
福院寺

神坊
河口庄奉行
長谷寺奉行

（76ウ）

縁舜分

縁舜法眼分

絹二屯代二貫文　兵庫郷
窪城庄負所米二十一石田地廿一町、反別一斗、近年十石、
同庄御油一斗田地五反、
勅使田之内
新木庄負所米七石一斗下司、　近年四石（六）
同庄公事錢壹貫文　近年五百文
井ヲノイ
福田庄負所米四石四斗春禪、　近年四石四斗
勅使田之内
同庄公事錢壹貫文　近年無沙汰

（77オ）

（平群郡）
安堵庄負所米三石八斗五升（八石九斗二升七合）春禪房、　近年三石（二石七斗）
（山邊郡）
白石庄負所米卅八石四斗二升　近來六石窪方、二石簾岡方、
同庄公事錢壹貫三百文

玄深分

牟山庄負所米六石九斗九升二合　近年三石
号宮堂、二位殿負所也、田地菅田ノ戌亥ニアリ、衆徒菅田ハ百姓也、
(山邊郡)菅田宮堂負所米八石九斗二升七合　近年三石八斗
勅使田之内
若槻庄負所米三石戌亥、　近年二石三斗
同公事錢一貫文　近年三百文
勅使田之内
(城上郡)藤福寺負所米一石小泉邊、　近年九斗
勅使田之内
下
目安の庄油三升　近來二升云々、
各斗升定、院家器ニ四合延云々、
此外三升自大安寺長老坊出之、

(77ウ)

玄深寺主分悉以無正躰成下之間、令再興可知行旨堯善ニ仰付了、
十二貫文坪江郷後山四分一但十四貫文云々、此内二貫ハ末永名歟、
十石　羽津里井庄佃御米
二十五石七斗五升　新木庄御米三丁余田地、
同庄公事錢八十文
九石七斗五升　小大田庄

同庄粽年貢四百文　　黄皮座
莚・コモ以下座
西大寺方土打奉行

（78オ）

専實分

専實分
古河庄給主
横田庄給主
番条納所田之内一丁七反小
綿二屯　細呂宜上方之内
本庄郷之内満丸名請口十貫文

（78ウ）

孝承分

孝承寺主分専實預申知行、
出雲庄給主
新免田之内一丁四反（×一）八斗代、
同三反

淨照田之内六反大
同公事錢
綿二屯　細呂宜上方之内
十貫文　同御米内

繼舜分

（79オ）

繼舜法橋分
綿二屯　細呂宜上方之内　　七貫文　山荒居八月分内
十五貫文　本庄郷藤澤名菖原方一方ハ古市、
兵庫郷切田三分二、八十五石三斗六升四合歟、
本庄郷新田之内五貫文本二十貫文也、請口百貫文内、
坪江藤澤名之内十貫文
十一石一斗田地二丁九反、狭竹庄御米名田公方御米、
龍花院御所奉行
小五月奉行五貫文

（79ウ）

芹山壺錢奉行一貫文、新免田一反、（福寺ノ西、芹山領）神殿一反五斗代百姓藤木

坪江郷奉行

泰弘分

泰弘寺主分

五貫文　本庄藤澤名菖原方之内自繼舜方、

三貫文　細呂宜上方之内

五貫文　兵庫郷田(〆成)成畠之内

(80オ)

二石　出雲庄御米内

二石　倉庄佃御米奉行分

八石三斗　横田庄佃之内卌六石内、

十石二斗　同庄御米内八十四石内、

三石　中津鳥見庄倶舍米三唐臼、

大乗院御所奉行、宿直米以下

木村御油奉行一斗

(80ウ)

泰増分

泰増分(追筆)「文明九年分より親舜上總公、仰付之、八年十二月廿八日奉書給也、初參日也、」

院入庄給主
一石九斗六升　曾我ア庄御馬飼
十石　若槻庄御米内
二石　九条庄升口
・二（×▓）貫文　坪江内田名内
本庄郷准絹六疋四丈代七貫八百文之内二貫文各興陽院之闕分、

（81オ）」

丼舜寺主分
四貫文　兵庫郷田成畠之内
綿十屯　坪江鏡野地
御米等色々錢十七貫　同
新郷専當名請口二十七貫文二月十二貫、十二月十五貫、此外シヲ引等在之、
神殿庄大佃二丁六石
院入庄御米七石
宇多四郷（大熊四郷）請口半分、五貫文、

番条庄給主

尺度庄給主

北円堂勾當職　淨照田

法乘院御所奉行地子、此內木守屋之地子ハ御力者中御給分也、

花薗鄉奉行

若槻庄奉行五石御米內

新木庄奉行

羽津里井庄奉行

（81ウ）

招提寺方土打奉行

大納殿奉行

河口庄奉行

長谷寺奉行

宇多志那御油奉行

田原本御油奉行正願院千燈會方、

宇多長澤庄号長峯庄、七丁八反小、七石并二貫四百文

（82オ）

○○○出世方給分

（82ウ）

佛地院分

坪江上郷給主　円満名二十貫文　綿十屯

大市庄給主分

　御米十九石四斗、但此内四斗ハ倉祭析、庄家ニ留之、

　瓜代七百文　八月一日茄代百文

　五月四日麥三斗　同梅三斗　同粽二十把

　節季御座面代四百文・コモ二十枚・仙合二十合

　牛玉一枚・餅二十枚・七菜正月六日、

　定使餅一前・鏡ノ面正月五日、

　盆供瓜十・大豆・大角豆・根芋

（83オ）

　定使田二反各八斗代、

十五石　新木庄御米内

宇多篠佃〔畑〕庄十五貫文

釜口院主職　六月瓜十合・竹代三貫文

河内國山田座〔庄〕

高田庄給主米十二石本二十六石云〻、

松林院分

(83ウ)

河口庄給主職本庄・新庄・新郷・關郷・王見郷・荒居郷・溝江郷・大口郷、年貢公事物等數多也、在別紙、

(追筆)「此外別給地」

同新郷之内武澤名十一貫文

同新庄郷之内田成畠錢四貫文

同本庄郷新田請口百貫文幷綿五屯。但此内十貫立野、五貫繼舜法橋、

坪江郷之内得元名得用、　請口五貫文

同郷内疋田名御綿七屯、但六屯ハ賢秀分、

小矢部庄給主職同人夫威儀供

田口庄請口之内五貫文

外河庄給主職

（84オ）

楠本庄給主職
同人夫威儀供
向渕講給主職　十石
同御講奉行
攝州武庫庄給主職
和泉國春木庄給主職
攝州富松庄給主職
小山戸庄給主職

（84ウ）

法雲院分

番条庄檢校田四丁九反半六斗代、
同執行田二丁七反十八石、
若槻庄給主田四丁二反
伊豆庄給主
七条庄給主
伊豆・七条ヨリ新宮社年中神供一石二斗出之、

松南院分

（85オ）

松南院分

二十石　負所大器也、在〻所〻ニ田地在之、巨細第二卷ニ記之、十市遠清十五石ニ請申了、公納也、」

東林院分

（85ウ）

東林院
大納言律師分
（尊譽）

長屋庄給主悉皆浄南院之闕分、名田・間田御米・夫賃等諸公事、定使以下先以公納也、必可渡之、（花押）（尋尊）

同大般若經奉行供衆補任析在之、二石自納所、

溝江郷請口之内十五貫文福智院之闕分、

同　綿三屯但代屯別一貫四百文、

信貴山院主分五貫文十二月二日必進之、

倉庄佃御米内三石五斗侍従大僧都闕分、

新木庄御米内号立野給、三石一斗八升慶賢法師之闕分、

福智院御所坊地〻子福智院之闕分、三貫文計」

（86オ）

索麵座衆公事人別五十文宛、此内四人ハ免之、座衆五十余人七月七日同闕分、

紺座衆公事人別百文、十余人歟、同闕分、但板一枚別百文宛公事也、
箸尾澤庄御油名主分一斗同闕分、定使千菊丸、
中山寺院主一貫二百菓子用途・八木一斗長器・串柿一連・柑子二百五十・柚柑五十、各歳末進上、正月修正壇供鏡在之、
藥師寺傳教院〻主月迫供衆幷兩知院各一面・一瓶進之、土〔火〕鉢造兩人各年〔隔〕ニ火鉢二進之、
本庄鄕○准絹六疋四丈代七貫八百之內五貫八百文福智院之闕分、
細呂宜綿四屯
海智庄大發志院供田一町
同正明行奉行新所、納所方ニ在之、
北円堂・東御塔供衆補之、

（86ウ）

傳法院分、泰承法印之闕、信承
公納所就春日拜殿、若狹國浦鄕日向・早瀬
公納□
二石　楊本庄御米內
慶藤丸ニ給之、
坪江鄕後山十五貫文代官北方・立田・乙部谷番頭被仰付次第円淸得業、｜源淸法橋治部卿福智院
近來八貫計到來云〻、
堯順ニ給之、
若槻庄御米內十石

慶藤丸ニ仰付之、毎月廿五日文珠布施也、
宇多郡栢名請口二貫文代官福西ノ本願院也、定使千菊丸毎年十月ニ長谷寺八講ノ時沙汰之云〻、

内山中院分

内山中院
六石　楊本庄御米内
乙木庄半分自上乘院相傳之、

同上乘院分

同上乘院
當山院主職
乙木庄半分但上乘院〻領也、」

菩提山有俊分

（87オ）

菩山有俊僧都分
三ケ院家院主報恩院・宝峯院・常光院
鳥見庄給主
豊國庄給主
西山庄

中庄
服庄
東御塔供僧一口眞學房
布留馬場田

(87ウ)
◎己心寺御領
十石三斗　越田尻庄御米内(追筆)「自文明八年弥藏院与地替了、其地自大安寺」
坪江郷阿古江二十貫文幷夫賃三貫文
新庄郷上品綿一屯五兩作　上絹二巻代二貫五百文
大口郷綿六屯七兩作　絹一巻　上絹代三貫三百文　准絹代一貫三百文
坪江牧村名御油代三貫三百文此内ヨリ新宮御油進之、　同馬上免五貫文大孝寺沙汰、　同御油代
坪江武里名請口廿貫幷上絹二巻
近江國弓場庄之間田一丁(伊カ)
兵庫郷綿十三屯七兩作　上絹五巻代七貫文　准絹代十二貫文
宇野名・景則名請口十貫文河口之内大口・新庄

末村名請口

(88オ)

極樂坊分

○極樂坊分

淨照田之内一丁二反

九石六斗余　越田尻庄御米内

一貫文　同庄疊用途

聖豐寺分

辰市聖豐寺

結界在家

室生寺分

○室生寺

一町キタン夕井　清澄庄間田但椎木庄之内也、此椎木庄号大垣内庄、天野供田在之、

(88ウ)

新禪院分

○新禪院分

九丁九反半　田井庄之内　反錢免除之、

○竹林寺分
一丁　長屋庄之内　　一町　興田庄之内卅一条二里七坪一丁、

○釜口愛染堂分
四石八斗八升　楊本庄依貞名分米

正法寺分

「（追筆）市本正法寺
尺度庄之内田」

諸奉行等條々

（89オ）

○○○諸奉行等条〻
一評定衆者、良家・坊官、人數不定、
一申次者、坊官・侍之間六人、西座
一出世奉行　良家御師範・同學・淨名講等諸御出仕、
一諸御願僧名奉行　良家勅願・向渕・南円堂大般若等、本經講・大論講、

一大納殿奉行　侍諸神事・佛事等御憑等、
一御出奉行　坊官御力者・名主等　瓜京上・柿・菓子京上等、
一小五月會奉行　坊官・侍
一大乘院以下御所奉行　侍
(89ウ)
一御米奉行　侍三人
一御後見職　坊官・侍
一院別當職　坊官
一御出家奉行　坊官・侍
一良家出家奉行　坊官　自余出家侍
一御寺務奉行　坊官・侍
一同會奉行　侍
一長谷寺小別當　良家　吉野・藥師寺同前、
一諸山寺院主　良家
(90オ)
一正願院知院　良家・坊官付定使事、力者中、
一諸山寺知院御後見、

一御油奉行　侍
同名主　良家・西座・坊官・侍以下、
一御領内奉行御後見、
一諸庄捐免等奉行　坊官・侍自國・他國、
一河口庄給主、号三ヶ御領奉行、良家
一北円堂檢校　良家
同　執行　良家
（90ウ）
同　納所　坊官・侍
一坪江上下郷給主　良家・坊官
一天滿祭礼當申次
一諸庄反錢奉行　申次之内
一諸庄（山）御用　申次以下
一諸檢斷奉行　申次
一學侶・六方・衆中都鄙大小題目一切申次
一細〻題目　出世・〻間隨便宜者也、

一衆徒・國民等名主　良家・坊官・侍
(91オ)
一御坊中奉行　西座一切經衆以下事、
一東御塔上座　坊官　勾當　侍　北円堂同前、

◌北面方諸行事等

一大乘院勾當　上北面　沙汰人　同二人
一諸御願預　上北面
一御承仕　同
一作事行事　上北・下北
一檢斷使　同・同
一京都雜掌　上北
(91ウ)
一五節供等雜掌　上北
一用定人　下北
一賦役　下北
一僉議聞使　上北

一心經會御代官　上北二人

一湯行事　下北二人

一薪・炭納所　上北・下北

一御米納所　上北・下北

一反錢等公物納所　上北・下北

御洗料所

（92オ）

◌御洗粁所良家輩息女必下向、

狹竹庄給主

佃御米十石号公事米、院家器ニ延米三石五斗、同一石九斗、

御米　八石八斗延二石九斗二升、

合二十五石二斗二升

村馳庄之佃号保田、六石延一石八斗、　一町三反畠、七反田、各六斗代反錢・反米ハ七反分ニ半分引之、如常、

羽津里井庄給主佃二十石延六石六斗、

同庄中司給一石延六斗六升、

都合六十一石二斗八升

大叡菜庄□(公)事

三百文　保田瓜代　　一斗　定使給同

小莚十枚此内二枚下司舜信、保田、　五百羽津里井盆供等、」

(92ウ)

隱居方料所

(93オ)

○○○(經覺)當寺安位寺殿御隱居方御析所

十石六斗六升　長屋庄四丁負所米反別二斗九升五合、

十四石「五斗」(追筆)、勾田庄御米

一丁八反　新木庄間田但九名之内歟、

一丁八反　越田尻庄間田

(田口)黑岩關析五貫文

輕庄析足十貫文

攝州富松庄御米八石六斗

濟恩寺御油一斗

丹後庄御油二斗

(×■)・木村御油之内五升」

(93ウ)

（94オ）

信貴山院主分之内二貫五百文但下地ハ悉皆大納分也、
（宇陀郡）
雨師庄請口十五貫文
松南院領二十石
細呂宜下方
百十四貫六百十六文　御米代
綿三十二屯半
絹三巻
糒二袋
徳丸名請口之内十貫文、或二十貫覺朝給分外也、
兵庫郷政所方請口之内三十貫文
坪江牧村名請口之内二十貫文
同瓜生御服六屯後山内、
同油免
御米四十四石八斗六升五合五勺
色〻錢三十貫六百文

御油二斗三升一合六勺四才

綿百廿四兩二分四朱八絫〔黍〕一兩別廿文、

絹一疋四丈」

(94ウ)

坪江後山西方、四分一、五屯半　代五貫五百文

法雲院領悉皆」

料所分

(95オ)

斫所分

大宅寺夫賃五貫文

春季二貫文者、一貫二百五十文下司山村、　五百文東分、　二百五十平五分、

秋季三貫文者、一貫八百七十二文下司、　七百五十文東分、　三百七十二文平五分、

同御米三石六斗六斗下司無沙汰、　納所成舜

同八月米二石六斗本三石六斗、　納所同

新免田之内

六反者、　地作一円四石八斗八斗代、　納所同

三丁二反法花寺奥方九斗五升代・一石代・八斗代、　納所同

分米二十六石九斗五升欤、此内四分一ハ六石七斗三升五合奥給分　六石六斗給人、其余公方分、依損否不定、」

（95ウ）

楊本庄殘米之内五石一斗六升四合四勺不定依損免有無、

（×■）
・倉庄佃御米内十二石五斗不定也、給人外也、

小五月錢百十三貫文神事方、文明元年六十七貫文請申、

〔井〕
莕山壺錢之内四十貫文御憑方、此外二十貫慶英方納之、於今者、六十貫公納、

長谷寺八講白布代一貫二百文并御横八合

一切經夏事代三貫文

勅願納所夏事代二貫文

長谷寺上林代一貫文并円鏡三面

一切經納所上林代一貫文

勅願納所上林代一貫文」

（96オ）

坪江上下郷○給主上林代一貫文

河口庄給主上林代一貫四百文

神殿・楊本兩庄疊用途一貫八百文

小矢ア・楠本兩庄疊用途一貫七百文

草川庄疊用途五百文
海智庄疊用途一貫文
河合庄疊用途五百文
新治庄疊用途一貫文
羽津里井庄疊用途一貫文
小林庄白緣代二百文本五百文、」
（96ウ）
山荒居鄉請口之內、三十貫文自余給人分、
細呂宜上方百十（×三）四貫六百十六文之內、五十五貫六百十六文自余給人分、
絹三卷
糒二袋
同綿三十二屯半之內、七屯半自余給人分、
溝江鄉請口之內十五貫文、東御方進之、自余給人、
坪江藤澤名請口之內二十貫文自余給人、
鶴丸名五十貫・石王名十五貫・二名半守安名・恒景名・則貞名、十貫文・增分卅五貫文
合百十貫文之內、五十七貫文自余給人分、

（97オ）

兵庫鄉公文方請口十貫文

同政所方七十貫請口之內四十貫文、

新鄉綿四屯內藤請申、

出世世間恒例
臨時役

（98オ）

◌出世・〻間恒例・臨時役事

一十種茶頭事

一夏中茶頭事

一花合一獻事花八至上北・下北面等、

一八月神事廷〔庭カ〕參猿樂一獻事

一柿京上事

一正願院舍利講大頭事

一同行頭事

一招題〔提〕寺精進供等事

一淨名講頭事

（98ウ）

一信讀大般若世俗事

一花見一獻事

一小五月召返一獻事

一京上瓜事

一御憑事

一御風呂頭閏月上下北面、

一同小頭事

一同大般若頭事

一同千燈會油事

一壽命經頭事

一御燒火頭事

一上林京上事
一桓木事付北面方、
一松茸一獻事
一御佛事捧物事
一本論講捧物事
一本經講捧物事
一薪猿樂一獻事
一家門御下向一獻事
一新宮修造出錢事

(99オ)

◌商人名主大乘院方

一藺幷莚座
一スケ笠座
一興米座
一茶座　公方　專實寄進弁才天
一足駄座
一コ、ロコトノ座　一方東金堂　公方・御洗方云々、
一ウルシノ座　御後見領
一トリ餅座　公方弋〔戊〕午年分、弁方へ、定使吉善、
一ハマクリノ座　御後見興陽院ヨリ、
一コモノ座大鳥居以南、　御後見
一曾木座
一檜物座
一スタレノ座　御後見
一シヲノ座　公方毎月百文ノシヲ進之、
一同シタミノ座　公方二月十五日油、
一白土器本座　竹内公方

一同新座　竹内公方
一黒味曾座　御後見
一シヤコノ座三月上　公方
（99ウ）
一ホウロク座　公方院仕
一鍛冶座
一柴庄〔座〕山田上下庄各年〔隔〕ニ十二東分進之、四東持也、
一ナヘノ座　中方、御後見方、
一油座坂・今辻子等　御後見
一コウノ座　東林院・清淨院
一コモノ座番条、丹後庄者也、　御後見
一火鉢座　御後見東林院
一雑紙十三座、山座、二座　御後見紙上之、
一切輪庄　公方

（100オ）

坊人給分

一木村油座　南院公方
一カスノ座御牛飼方、
一トリモチ座　公方
一□チスミ大鳥居以南、
一カウシノ座公事五位庄〔座、下同ジ〕　餅五十枚十一月進之、此内五枚定使分、八九寸也、
一キワタ座公事竹内公方御油代二百文、
一井リサコノ座　公方専實寄進弁才天、
一ハ井〔コウ〕ノ庄　御後見
一シヲノ駄公事　公方シヲ屋ヘ入駄口也、二三□同、
一笠張座　御後見
一雑紙五位庄　御後見但是八年貢也、
一果子座　公方

古市分

古市分
福嶋市下司以下惣知行　高田庄切田米此内二反御定使給田也、
本庄之内藤澤半分　牧村請口之内六十貫文
上生講田作主職供衆三口在之、

古市山村分

（100ウ）
同山村分
大宅寺庄下司并別給分　山村郷惣下司

窪城分

窪城分
檜垣間田号遠田庄下司、二十石大器也、下司半分也、今半分ハ長川〔谷脱〕黨御給也、森屋方、　窪庄下司

椿尾分

椿尾分
波多庄下司　高田庄下司當下司ハ本來山内深川御給分也、自深川方傳之云々、仍深川奉公無沙汰事在之者、可召放者也、但深川代也、

楢原分

（101オ）
楢原分

高田御米内　　十三郷

中井殿庄御米内

立野分

立野分

小吉田庄下司幷給主　服庄

坪江中山御服六屯半　越田尻夫賃

立野庄下司　　上立野庄

福智庄（宇多郡之内、萩原邊也、當時源信房法印知行歟、）

立野松岡分

（101ウ）

同松岡分

若槻庄大宅寺負所米

松立院分

松立院分

服庄下司

知足院分
法貴寺一黨分
森屋一黨分
楊本分
十市分

知足院分
王見郷公文職

法貴寺一黨分

（102オ）

海智庄　小林庄
糸井庄但糸井衆分知行之、
遠田庄下司半分半分ハ窪城御給分也、

森屋一黨
出雲庄御米内十三石

陽本分〔楊、下同ジ〕
陽本庄下司・公文　草川庄給主・下司
陽本庄御米内別給

（102ウ）

十市分

三ヶ井殿下司・給主　小矢ア庄下司
楠本庄下司　若槻庄草用途九貫九百八十九文 横田名田・浮田・預所田廿丁八反四十一ト、反別四十八文宛、
河合庄給主・下司　曾我ア庄下司・給主

十市新賀分

（103オ）

同新賀分
古木本庄下司・給主　森屋庄下司・給主

十市八田分

同八田分
岩田下司　箸中下司

南郷分

南郷分
新治庄給主

倶志羅分

（103ウ）

倶志羅分
興田庄給主・下司　土橋庄白布公事錢廿貫文

安位寺之殘水用水用也、

吉備分

吉備分

古本新庄三丁三反、

番條分

番条分

若槻下司・公文　同西願名

番条庄下司　伊豆・七条下司

丹後莊分

（104オ）

丹後庄分

横田庄下司　同請析米

今市分

今市分

新木庄下司　同名主

同請析米

小林分
辻子分
福智堂分
萩別所分
豊田分

（104ウ）

小林分

清澄新庄下司・給主　番条夫賃廿貫文

波多庄ノ山手米并色〻百姓方公事物

辻子分

上總庄下司

福智堂分　寺在之、号弥勒寺、字福智堂、敷地・供田等御油六升長器反米六斗庄納、大乗院寄進祈願所也、寛元三年六月日・建武四年九月日限永代爲門跡相承之地也、以此寺爲名字欤、

九条庄下司・給主

（105オ）

萩別所分

上總庄給主・下司

豊田分

井上分

小南分

辰市堀分

法花寺奥分

勾田庄公文　　田井庄下司

井上分

羽津里井庄下司　　九条庄御米

河口庄新郷之内、

鴫池（新開）年貢四貫文弁夫賃四百文、代官本庄殿、　同二貫文夫賃二百文、自新郷之内本覺院沙汰、

本庄郷之内南池年貢十石三斗七升定百姓直成

（105ウ）

小南分

大宅寺御米内二石（追筆）「文明六年ヨリ召上之、如元二月十九日御佛事ニ被付之、」

辰市堀分

番条夫賃二貫　　浄照田沙汰人

法花寺奥分下御門浄胤之作主分八丁八反之内也、應永十三年記云、

自分請申御米内四分一　同田

小泉分

（106オ）

小泉分

新木庄二名三丁六反半、　龍花院新田下司小泉庄之内、此田在之、在々所々、

三井庄下司　寄所也、小泉庄

若槻庄御米内

小泉尾崎分

同尾崎分

外河庄下司

三谷分

三谷分應永十三年後六月十八日三谷賢觀房拜領、

鞆田庄負所内三分一　牟山庄負所内三分一

出雲兩下司分

（106ウ）

出雲兩下司分

同下司　同御米内別給

田原本南分

田原本南分
出雲御米内松田跡、　同三嶋給御代官請申御米、

森本分

森本分
倉庄下司

箕田分

（107オ）
箕田
越田尻名主

鞆田分

柄田〔鞆、下同ジ〕
柄田庄　越田尻庄給主

元三諸下行

（107ウ）
一近來元三諸下行
供御所方一貫七百八十文、上旬分也、
僧綱以下参上、一獻則調進之、

院仕方八斗四升大桒　　二百文スワサス
上番方　佛供　出世・坊官・侍・上北・下北以下　院仕・力者御童子等分　六石余
雑掌方　上析・中析　五石余
」（108オ）
瓜生
傳教院御留守職事号知院、郷民等所役・人夫・傳馬等、
北院
傳教院御留守職事号知院、郷民等所役・人夫・傳馬等、
目安
」（108ウ）
目安庄給主
奄治辰巳分
村馳庄給主

窪城

在檜垣
遠田庄下司職半分、二拾石大器、

（表紙題簽）
「三箇院家抄　三」

（原表紙、自筆）

『井山方正願院』
三箇院家抄第三

大乘院

○二紙白紙、

（３オ）
正願院御塔・御堂御佛事帳

正願院塔堂佛事帳

一御塔長日佛事用途事

塔長日佛事用途

佛聖米三石六斗　（添上郡）佐保田新免佛聖田所當

燈油一斗八升直米二石七斗　同所當
供養法佛供一石八斗　同所當
同燈油一斗二升直米一石八斗　同所當
　供僧三口供田各一町　同所當
釋迦念佛所燈油三斗六升諸人寄進油、遂〔逐カ〕月交替承仕、
　念佛衆十二口供粁支配

不断念佛釋迦寶號番帳

（3ウ）

御塔不断念佛釋迦宝号番帳

上旬
某辰何房　某巳　某午　某朱〔未、下同ジ〕
中旬
某辰　某巳　某午　某朱
下旬
某辰　某巳　某午　某朱

念佛衆規式

念佛衆等可存知條々事

一於當番衆四人者、一人不闕、皆共可夜宿者、

一於不知案內者幷幼少之輩者、不可用代官者、

一火事・盗賊等出來之時者、番衆最前合聲可吹蜶者、

一念佛所可被儲置弓箭者、

右、各守此起請文、可令存知、若於此狀遣〔違〕之輩者、速可令改易、念佛衆之狀如件、

建久七年十二月四日始之、

（4オ）

月中佛事用途

報恩陀羅尼

七箇日不動護摩

舍利講

一御塔月中佛事用途事

朔日報恩陁羅尼佛供米五合　新免佛聖田所當

同燈明油一合直米一升五合　同所當

七箇日自一日至七日、不動護摩用途米三斗波多庄〔添上郡〕所當、

同燈油一升、寄進油

十九日御舍利講燈油三合直米四升五合月頭役、

（4ウ）

舎利講式讀幷伽陀衆

（5オ）

御舎利講式讀幷伽陁衆

正月式某　伽陁某　某
二月式〻　伽陁〻　〻
三月式〻　伽陁〻　〻
四月式〻　伽陁〻　〻
五月式〻　伽陁〻　〻
六月式〻　伽陁〻　〻
七月式〻　伽陁〻　〻
八月式〻　伽陁〻　〻
九月式〻　伽陁〻　〻
十月式〻　伽陁〻　〻
十一月式〻　伽陁〻　〻
十二月式〻　伽陁〻　〻
閏月

式者非衆分躰結番之、

舎利講大頭幷小頭

伽陁院僧六口躰結番之、

（5ウ）

同御講大頭　小頭事

正月大法雲院　小知院法眼一円

二月大佛地院　小報恩院一円

三月大松林院　小成就院　（葛下郡）尺度庄給主因幡法眼、

四月大勅願納所　小（山邊郡）長屋庄給主　尺度庄役但代二百文、

五月大　小

六月大正願院（×尺度庄役）院領之内、・・・　小正願院尺度庄役、但代二百文、

七月大　小報恩院一円

八月大長屋庄納所　小大乘院納所一円

（6オ）

九月大松林院　小鵲大輔寺主　因幡法眼

十月大　小成就院　興陽院越前寺主

十一月大一切經納所　小十輪院大進寺主　中藏人公

十二月大　小御洗　波多院（庄）明教勾當

潤月大北面方　小北面方

同御講管絃者事

玉笙三人　篳篥二人

龍笛二人　胡琴二人

瑤箏二人　大鼓一人」

（羯）
鞨鼓一人　鉦鼓一人

（6ウ）

已上十四人被定置之、

（追筆）
「一舍利講十頭黒米一斗佛供、・白米四斗講衆分此内一分ハ黒米三升三合三才、二分ハ六升六合六才、合一斗也、一分ハ白米一斗三升三合三才、二分ハ二斗六升六合六才、合四斗也、」

長日駄都法・舍利講・法花經轉讀、於尺迦御前修之、」

御塔供僧三口非衆分付六所三經講三口、

（7オ）

御塔大般若供僧三口院僧之内同尊勝陁羅尼、

御塔魔界廻向式壽」

（7ウ）
六所三經付例事供僧三口一口惣山一和尚、一口院僧一﨟、一口悔過方、

十九日
御月忌衆三口式讀一人、伽陁二人、

三日三時釋迦宝号・懺悔講・舍利講」

堂長日佛事用途

（8オ）
一御堂長日佛事用途事

佛聖米三石六斗　佐保田新免佛聖田所當

燈油一斗八升直米二石七斗　同田所當

供僧三口供田各一町　同所當

不断念佛彌勒寶號番帳

御堂不断念佛弥勒宝号番帳

上旬

某 何房 辰　某巳　某午　某朱〔未、下同ジ〕

中旬

某辰　某巳　某午　某朱

下旬

某辰　某巳　某午　某朱

（８ウ）

番衆規式

抑番衆等各可令存知七ヶ条事

一每時始持十善戒、滿尊勝陁羅尼三反、可令祈請過去聖靈幷念佛本願上人〔信円〕證大菩提兼院家安隱〔穏〕之由者、

一於時闕之輩者、可處科怠者、科怠事、在別紙、

一番衆幷代官之外荒淳之輩者、不可訛替番、太背此旨者、可同時闕之過者、

（９オ）

一番衆令遲參之時者、番若及一寸、可懃仕後番一時、

一代官之仁心操難知、各以評定之躰可用之、

一番旬之番衆乍四人各參宿念佛所、可被守護御堂者、
一佛具等雜物若失墮事出來者、當番衆幷承仕可致沙汰者、
右七箇條事、依衆儀所定如件、
貞應三年十一月廿日　始之、

彌勒講式讀幷伽陀衆

（９ウ）

弥勒講式讀・伽陀衆

正月式某　伽陁某　某
二月式
三月式
四月式
五月式
六月式
七月式
（10オ）
八月式
九月式

十月式

十一月式

十二月式

潤月

　御堂護摩供僧三口非衆分毎月七ヶ日、或析所小夫云々、

月中佛事用途

（10ウ）

一御堂月中佛事用途事

一晝夜佛供燈明析米二斗八升　佛聖田所當自十七日戊〔戌〕、至十八日酉、

弥勒講佛供米一升　同所當

同御講燈油　寄進油

五日十善戒佛供米五合　同所當

同燈油五勺　寄進油

皇嘉門院聖子月忌

五日皇嘉門院（藤原聖子）御月忌佛供米五合　同所當

同燈油一合　寄進油

　請僧三人布施綿四十両導師一口廿両、請僧二口各十両、

一乘院信圓母月忌

藤原忠通月忌

一乘院惠信月忌

菩提院藏俊月忌

（11オ）（11ウ）

至十二月被引之、今泉庄所當

本願信円御母也、
十日中御門殿御月忌佛供米五合　同所當佛聖田、

同燈油一合　寄進油

請僧三人布施米二斗導師一斗、請僧二人各五升、

尺度庄所當

本願信円御父也、
十九日法性寺殿下〔藤原忠通〕御月忌佛供米五合　御堂佛聖田所當

同燈油一合　寄進油

請僧三人布施米二斗　尺度庄所當　子細同上、

本願信円御兄也、
廿五日伊豆僧正〔一乘院惠信〕御房御月忌佛供米五合　佛聖田所當

同燈油一合　寄進油

請僧三人〔布脱〕施米二斗　尺度庄所當　子細同上、

廿七日贈僧正〔菩提院藏俊〕月忌佛供米五合　佛聖田所當

同燈油一合　寄進油

請僧三人布施米二斗　尺度庄所當　子細同上、

十五日晦日布薩二ヶ度佛供一升　佛聖田所當

同燈油一合　寄進油

懺悔講

懺悔講佛供米五合　佛聖田所當

同燈油五勺　寄進油

請僧十人僧前粁三石六斗　尺度庄所當

一日經供養佛供米五合　佛聖田所當

（12オ）

同燈油五勺　寄進油

導師布施四事供養一石六斗、尺度庄新所當、承仕沙汰、

同率都婆造事承仕沙汰、粁米用途三斗三升、尺度庄新所當、

佛供燈明幷世俗等月頭沙汰、

自八日至十七日中旬御佛事巳刻、但初日例時定、

塔堂年中佛事用途

（13オ）

一御塔御堂年中佛事用途事

正月

廿八日
御塔魔界廻向理趣分等尊勝陁羅尼百反同音、御供米五合　御塔佛聖田所當

同燈油一合　寄進油

十萬巻心經

請僧十人僧前析米四斗　清原庄所當

一日懃行御塔供養法佛供米五合　御塔佛聖田所當

同燈油五勺　寄進油

十万巻心經發願・結願佛供米一升　御堂佛聖田所當

同燈油二合　寄進油

一日懃行衆十五人

同佛供燈油者、懃行衆弁備之、

僧前十五前析米八斗

（13ウ）

施行米六斗

（追筆）「元三御堂例時參皆」

二月

三藏會

五日〇三藏會佛供米五合　御堂佛聖田所當

同燈油一合　寄進油

請僧三人布施米二斗導師一斗、請僧二人各五升、大宅寺（添上郡）所當、

涅槃會

十五日御塔涅槃會佛供米五合　御塔佛聖田所當

同燈油一合　寄進油
請僧三人布施米二斗　大宅寺所當

（14オ）

藤原忠通忌日

十九日法性寺殿下御忌日佛供米五合　御塔（堂）佛聖田所當
同燈油一合　寄進油
請僧五人布施米二石八斗導師二石、請僧四人各二斗、（山邊郡）勾田庄所當、
承仕二人分二斗各一斗、同庄所當、
導師・請僧〻前　知院人之所課
持經者一人布施米五斗　波多庄所當　僧前同、

大乗院實尊忌日
上宮會

（大乗院實尊）同後菩提山御房御忌日請僧六人在説法、
廿二日上宮會佛供米五合　御堂佛聖田所當
同燈油一合　寄進油
請僧三人布施米二斗　大宅寺所當

（14ウ）

廿七日修二月輪燈二臺䉼油二升　寄進油

彼岸八名經

春彼岸一晝夜八名經燈油一升四合　寄進油
同僧前䉼一石六斗五升　（山邊郡）小山戸庄所當
同味曾水䉼二斗五升　同庄所當

彼岸舍利講

同彼岸五ヶ日御佛事佛供粁米一斗御堂佛聖田所當、日別六坏定、

同燈油五合　寄進油日別二燈定

請僧三人布施米六石日別導師一石、請僧二人各一斗、

導師世俗粁一石　尺度庄所當

同彼岸御塔舍利講燈油四合　寄進油

同結日佛供米五合　御塔佛聖田所當

（15オ）

十善戒

十善戒在之、道俗男女參詣受之、

四月

浴像會

八日浴像會佛供米五合　御堂佛聖田所當

同燈油一合　寄進油

請僧三人布施米二斗　大宅寺所當

大乘院尋範忌日

九日內山大僧正（大乘院尋範）御房御忌日佛供米五合　御堂佛聖田所當

同燈油一合　寄進油

請僧三人布施米二斗　大宅寺所當

持經者一人布施米二斗　波多庄所當

（15ウ）

三段舍利講
十六日夏中九十日三段舍利講式十種供養燈油四升六合寄進油、日別五勺定、

信定忌日
廿三日御塔信定律師忌日佛供米五合　御塔佛聖田所當
同燈油一合　寄進油
供養法一座布施三斗　中山所當
一時光明眞言衆六人布施米六斗　同所當

善慶忌日
或本廿八日云々、
廿四日御塔善慶忌日佛供米五合　御塔佛聖田所當
同燈油一合　寄進油
（16オ）
請僧三人布施一石二斗導師一石、請僧二人各一斗、尺度庄所當、
六時光明眞言衆十二人布施米一石二斗　同庄所當
承仕二人分二斗　同庄所當

最勝王經
廿八日天下豐饒最勝王經轉讀佛供米五合　御塔佛聖田所當
同燈油一合　寄進由〔油〕
僧前廿前粁米八斗　清原庄所當

（16ウ）
五月

夏季大般若經
自二日至八日夏季大般若發・結願佛供米一升　御塔〇佛聖田所當

同燈油二合　寄進油
請僧六人布施米六石　尺度庄所當
僧前者、勸諸人營之、
一日懃行御塔供養法佛供米五合　御塔佛聖田所當
同燈油五勺　寄進油
僧前十五前
佛供燈明懃行衆弁備之、
施行米六斗
六月
十七日阿母比丘忌日佛供米五合　御堂佛聖田所當
（17オ）
同燈油一合　寄進油
請僧三人布施米二斗　大宅寺所當
七月
十四日御塔九條錫杖時燈油五勺　寄進油幷光明眞言在行道百反、
（17ウ）
（追筆）「同日夏結四十八巻八名經」

阿母比丘忌日

盂蘭盆講

十五日盆〔盂、下同ジ〕蘭瓮講佛供米五合　御堂佛聖田所當
同燈油一合　寄進油
摺寫盆蘭瓮經五卷用途米五升　尺度庄新所當
　瓮供六具請僧五人各一具、承仕一人一具、尺度庄所課、
御塔瓮供二具　同庄所課
　一山大僧供粁米五石七石歟、

舎利講　（18オ）

同御塔舎利講佛供米二斗　御塔佛聖田所當」

慈恩寺比丘尼忌日

同慈恩寺比丘尼忌日、同夜舎利講」

八月

彼岸八名經　（18ウ）

秋彼岸一晝夜八名經燈油一升四合　寄進油
　同僧前粁米一石六斗五升　小山戸庄所當
　同味噌水粁米二斗五升　同庄所當
同彼岸五ヶ日御佛事佛供粁米一斗　御堂佛聖田所當
同燈油五合　寄進油日別二燈定
　請僧三人布施米六石日別導師一石、請僧二人各一斗、勾田庄所當、

導師僧前一石　尺度庄所當

彼岸舎利講

同彼岸御舍利講燈油四合　寄進油」

(19オ)

同結日佛供米五合　御塔佛聖田所當

十善戒

十善戒在之、道俗男女參詣受之、

千燈會

其夜千燈會料油三斗三升　新富并南（高市郡）喜殿油

請僧五人布施米三石導師一石、請僧四人各五斗、尺度寺〔庄〕所當、

在行道百反」

(19ウ)

九月

一日〔八日〕勤行衆十五人付供養法、

佛供燈明者、勤行衆弁備之、

同勤行御塔供養法佛供米五合　御塔佛聖田所當

同燈油五勺　寄進油

施行米六斗」

(20オ)

十月

一乘院信圓母忌日

十日中御門殿（一乘院信圓母）御忌日佛供米五合　御堂佛聖田所當

同燈油一合　寄進油
請僧五人布施米二石八斗（導師二石、請僧四人各二斗、勾田庄所當、）
承仕二人分二斗　同庄所當
導師・請僧〻前　大宅寺預所〻課
持經者一人布施米二斗　波多庄所當
梵網經筆師六人布施米七斗八升　勾田庄所當
析紙二卷　知院人之沙汰

（20ウ）

維摩會
十六日維摩會佛供米五合　御堂佛聖田所當
同燈油一合　寄進油
請僧三人布施米二斗　大宅寺所當

十一月

慈恩會
十三日慈恩會佛供米五合　御堂佛聖田所當
同燈油一合　寄進油
請僧三人布施米二斗　大宅寺所當

一乘院信圓忌日
十九日本願（一乘院信圓）御忌日深蜜八講

請僧八人

（21オ）

皇嘉門院聖子忌日

十二月

五日皇嘉門院（藤原聖子）御忌日弥勒式佛供米五合　御堂佛聖田所當

同燈油一合　寄進油

摺寫法華經一部用途五斗　葛上所當

　請僧三人布施綿四十兩導師廿兩、請僧二人各十兩、今泉庄年貢、

八日
御塔報恩佛事佛供米五合　御塔佛聖田所當同法花經轉讀幷供養法、

同燈油一合五勺　寄進油

　請僧三人布施米一石二斗導師一石、請僧二人各一斗、尺度庄所當、

　舍利講過去帳布施米一斗　同所當

（21ウ）

　持經者一人布施米二斗　同所當

　六時光明眞言衆十二人布施米一石二斗各一斗、同庄、

　承仕二人分二斗各一斗、同庄

藤原信家忌日

十三日山井殿（藤原信家）御忌日

自廿二日至廿四日佛名佛供米一升五合　御堂佛聖田所當
同燈油九合　寄進油
　世俗三ケ日内初日、尺度庄、但代二百文、第二日、第三日、
　導師布施米三斗日別一斗、　大宅寺所當
七月十五日一山大僧供料七石
東谷塔先妣御月忌法花經布施一石二斗　窪名所當
同料法花經供花布施一石二斗　同所當
禪友院僧都忌日料一石　同所當
常光院供僧一口供料三石六斗　小山戸庄所當
一山僧前料佛名時、三石　同庄所當
四季尊勝陁羅尼
（22オ）
（插入文書）
「常光院御ハカ堂不斷
　念佛田
二丁余　百濟鄕之内南鄕知行、」

三井ハントリ十石
橘寺　廿石
井前　二反
小夫曾利幡　二反
同竹尻　一反
同靈谷　一反
城上郡
小夫庄　六反
一丁一反
安場　三反
明教引違十五・六貫云〻、」
(22ウ)
一院僧常住懃行衆事
五口
一口非衆分、
五口散所、

散所

一口本寺散所、
（マヽ）
口散所非衆分、

（23オ）

夏中旬生身供

一夏中旬之生身供頭人事
四月十六日尺度庄、　廿一日
五月一日勾田庄、　十一日　廿一日
六月一日波多庄、　十一日小山戸庄、　廿一日
七月一日大宅寺庄、　十一日知院沙汰、
潤月御米之内

（23ウ）

一百八十御佛事奉行事　知院代
一御修理方　一円修理沙汰人
一諸事沙汰方　一円沙汰人
以建長五年四月廿八日室殿（大乗院圓實）御記并正願院雑事記書寫之、
院主前大僧正（尋尊）（花押）

（24オ）

一年中下行米等事

拾六石六斗燈油代米等、　佐保新〔田脱カ〕免田所當

院僧六口供田六町　同

綿四十兩　今泉庄

一石二斗　波多庄

二十一石二斗八升　尺度庄

一石九斗　大宅寺

〃四斗一石二斗　清原庄

拾二石七斗八升　勾田庄

拾石四斗　小山戸庄

九斗　中山

五斗　葛上〃尺度〃庄〃事也、

三石四斗　〔山邊郡〕窪名

九石六斗

（24ウ）

合七十九石七斗六升欤、

并田地六町供田新免

油一斗五升八合　寄進油

油三斗六升　　長日念佛進諸人」

（25オ）油三升六合　　毎月舍利講頭人

油三斗三升　（當時尺度庄沙汰、）八月千燈會新富并南喜殿油

合八斗八升四合

此外懃行頭人沙汰佛俱燈明在之、」

堂修二會

（26オ）一正願院御堂修二月事

夜荘嚴頭

咒願御布施十貫文、夜荘嚴沙汰也、（徳治元年十二月十日清玄法眼進之、）

同餅多小例

弘安元年長円頭千枚

同四年尊源頭千二百枚

同八年源實頭二千三百卅枚

（26ウ）

同九年實增頭千五百枚
同十年泰深頭千三百枚
永仁二年尋實頭二千九百枚
同六年集頭千枚
正安元年上御沙汰五百十枚
同二年集頭五百枚

（27オ）

一五月大般若間事
正願院御塔恒例大般若世俗事
初日五月二日、　尺度庄但代二百文、
第二日同三日、　藏人法眼　大輔寺主
第三日同四日、　・大宅寺・（〆大輔寺主）
第四日同五日、　・勾田庄・（〆大宅寺）
第五日同六日、　大夫法橋　弁寺主
第六日同七日、　治ア卿法橋遺跡

第七日　　　小山戸庄、或波多庄

右、自來五月二日可被始行之狀如件、

（追筆）「正和元年四月　日」

色目

汁二　菜三種以六種合三種、

日別十二前加承仕二人定

飯析　公所沙汰

以上廻袖ニ書之、

本願佛事舍利講

（27ウ）

一每月十九日本願御佛事舍利講事

正願院十九日御舍利講式目事

黑米一斗御佛供、

白米四斗講衆飯析

以上金伏定

九月分合　月證房ニ分營之、仍予一分沙汰者也、

予所課分
黒米三升三合三才　白米一斗三升三合三才祀候人沙汰、多分一分也、山僧沙汰者依供僧
欤、又二分沙汰之、菜二種入一菜桶、為無目物兼談合頭定物躰冷汁多分一人分沙汰之寂欤、（中脱カ）」

勾田莊恒例所進用途

（28オ）
一勾田庄事、本願御起文
記録　勾田庄恒例用途事
　合

本寺所役

一本寺所役事
二石一斗　維摩會粁米并同餅粁

中河寺所役

一中河寺所役事
十八石　例時當（堂）佛供人供等粁支配別在之、
一石　同堂修理粁年〻可加增之、
以上庄納定」

一乘院長講堂燈油料

（28ウ）
一一乘院長講堂佛聖燈油粁事
七石二斗　佛聖米兩人承仕下之、各三石六斗定、

五石四斗　燈油三斗六升直斗別一石五斗、
六斗　潤月佛聖燈油等析
以上佛聖米等、交替承仕可取請文、此外恒例・臨時之所課、一切不可有之、但爲每
年之所役繩百坊名別十坊、可進房官所、以之爲院家雜事、都不可有他役者、

二季彼岸佛事用途

一正願院二季彼岸佛事用途事
御佛
圖繪尊像十鋪
（29オ）
御經
摺寫法花經十部
以上佛經所調置也、每年可供養此佛經、兼可奉供養中陰七ヽ日等、
御供燈明等別在之、
佛布施諷誦物等如常、
十石　導師十口布施析季別五石、
二石　題名僧四口布施析季別一石、
以上導師僧前、葛上所課者、

藤原忠通忌日用途

（29ウ）

一二月十九日法性寺殿下御忌日用途事

御佛

圖繪釋迦如來像一鋪

御經

摺寫法花經一部

以上佛經所調置也、每年可供養此佛經者、

佛供燈明等別在之、

佛布施諷誦物等如常、可用雜紙、

二石　導師布施析

八斗　請僧四人布施析口別二斗、

二斗　承仕二人分口別一斗、

以上導師・請僧〻前析、知院人之所課者、

一乘院信圓母忌日用途

（30オ）

一十月十日中御門殿御忌日用途事

御佛

圖繪阿弥陁如來像一鋪

御經
摺寫法花經一部
以上佛經所調置也、每年可供養此佛經者、
此外
一日書寫梵網經一部二卷析紙爲知院人之沙汰、
佛供燈明等別在之、
御布施諷誦物等如常、可用雜紙、
二石　導師眞言供養也、布施析
八斗　請僧四人布施析　一口別二斗
二斗　承仕二人分　口別一斗
以上導師・請僧〻前等、大宅寺預所〻課者、
七斗八升梵網經書師六人布施供析　口別一斗三升、

(30ウ)

信圓忌日用途
一予(信圓)忌日深蜜八講二ケ日用途事
御佛
深蜜曼陁羅一鋪

御經
書寫深蜜經一部八品在品尺、
佛供燈明寺〔等〕別在之、」(31オ)
八石　八人僧布施析、口別一石
四斗　承仕二人分　口別二斗定
以上八人僧前者、知院之人可營之、
三石六斗　一晝夜尊勝陁羅尼衆十八人
布施析口別二斗
以上長講堂佛聖以下佛事用途、長講斗定

勾田莊々務

一庄務事
正願院知院之人可致沙汰、若佛經等自破損出來者、可令修補、又先考・先妣兩忌日諷誦物等同可致沙汰者、」(31ウ)
右、件庄者、賴尊法印之所領也、爰彼法印中河之內、始建立例時堂、寄附佛聖幷僧供析、然而中古件供析等致懈怠事出來、仍殊經沙汰、以正治二年注坪付、書起請文令寄進之後、全所無懈怠也、其上爲未來不朽、重所寄修理田也、

（32オ）

抑當庄、雖寄附用途於例時堂、尚依有用殘、於庄務者、大僧正（一乘院尊信）・中僧正（一乘院玄覺）・伊豆僧正（一乘院惠信）・愚身四代之間、相續而知行、年來雖無指院家之所役、殊有存旨、一乘院長講堂佛」聖燈油等相宛之、於其用殘者、先考・先妣・愚身忌日幷二季彼岸佛事等之用途割宛之了、盡未來際更不可失墜（墜）、居沈患只任內證、於內院之聖衆、偏請現罰於春日之靈社、仍爲向後起請如件、

建保三年十二月　日

本願（信圓）前大僧正判

初一乘院（良圓）權僧正判

後井山（實尊）權僧正判

常何大法師判

子細見于記錄狀者歟、門徒之判行而雖可足重請正權之判行、弥欲備向後之證驗者、」

（32ウ）

別當前權僧正信憲

權別當法印範円

以大慈三昧院殿（大乘院慈信）御筆記書寫之、（尋尊）（花押）

元應元年帳云、勾田庄燒○米三斗七月十四日弁濟之、給主方」

正願院領當知行所々
西井殿莊
若槻莊

（33オ）

一　當時正願院領知行所〻事
六石〇九斗　西井殿庄（添上郡）大宅寺負所米十一町三反半之內、負所田地二町三反、反別三斗代、金伏三升六合延、
　　當時鳥飼次郎申請文等知行之、
二十石六斗五升　若槻庄（添上郡）大宅寺負所米卅一町六反小之內、負所田地五丁八反三百ト、反別三斗七升代、八合升定、
　　當時立野松岡申請文等知行之、
本帳廿八石六斗長講斗云〻、
二十三石一斗五升　尺度庄御米十六町四反大田地、此內御米田三町二反、
四斗五升　寺反米　一反別一升五合
六斗六升　千部會米但此米ハ二十五石余之御米之內ニテハ無之、御米田之內食田一丁ニ別ニカヽル負所米也、近來沙汰人百姓横道ニ引申之、大ニ別事也、

（33ウ）

四斗　堀荒米
一斗　荒マトハ
九斗　油代此油ハ一斗也、八月彼岸ニ千燈會在之、爲代米立用申、依和市不定、近來ハ油モ不沙汰而横道ニ引申、不可然旨仰了、此外千燈會方油田原本在家役也、
三斗　カリヤソン
七石　木阿弥給
五石　尊藤給

（34オ）

合十四石八斗一升

八石三斗四升　公方分

都合二十三石一斗五升

七月
五百文　盆供方

七月
二百文　瓜等代

八月
油一斗　千燈會御米之内立用之、巨細有上、

以下永享三年納帳
二百文　四月十六日御舍利講汁菜佛供代

二百文　五月二日大般若汁菜代

二百文　六月十九日御舍利講汁等代

二百文　九月九日汁菜代

二百文　十二月廿二日御佛名方汁菜代

二百文　月迫蓎代

以上

（×二）　八
・四石〇斗米　伊与守（吉久）給分田地二丁一反別二斗宛、四丁八反一斗代也、

八百文　龍花院御所奉行宿直二月四百、八月四百、

八斗一升　九月九日米　三反　錢成田一貫三百文云々、木阿ミ別給

三町二反　給主田

（34ウ）

一本帳云、同庄新所當十石長講斗定十四石二斗八升云々、

勾田荘

勾田庄十四町八反、十名、

（35オ）

拾八石　中河寺米反別一斗負所欤、支配在別、

一石　同修理米以上庄納定、年々可加增之、

此外閏月分一石一斗云々、

七石二斗　一乘院長講堂佛聖等兩人承仕下之、各三石六斗定、

五
六石四斗　同御燈明代米油三斗六升直也、斗別一石五斗定、

此外閏月分六斗佛生燈明方、

二石一斗　維摩會析餅等代

合三十四石七斗此外者、一切公事不可有、但繩百坊名別十坊沙汰之、可進坊官所、

三年一度閏月分一石七斗

拾四石定米　（經覺）安位寺御析所

（35ウ）

一石三斗（傳法院名云々、）　同（木阿給之云々、）　平八名五石（定米）納所泰承（傳法院名）（御忌日方、）
一町五反　公文給　豊田頼英
三反（八斗代）　定使給　上北面専親
七貫文　・春秋夫賃（×■）　弥藏院慶英
北浦茶薗　公文給　正願院殿院仕方二貫　ワラ八束・ナワ四束
尺迦院了懃　顕円納所

（36オ）

「（追筆）
本帳云
十石二季彼岸導師十口布施（季別五石、）　二石同題名僧四口布施（季〔別脱カ〕一石）（供養之、）逆修也、　本尊十鋪・經十部、二石二月十九日法性寺殿御佛事導師　八斗請僧四人（二斗宛、）　二斗承仕二人（一斗宛、）尺迦一鋪・經一ア供養、　二石十月十日中御門殿御佛事導師（眞言供養、）　八斗同　二斗同、阿ミタ一鋪・經一ア供養　又梵網經一ア書寫六人ニ七斗八升　八石十一月十九日本願深蜜八講八口　四斗承仕　三石六斗尊勝陁ラニ衆十八口（二斗宛、）　深蜜万陁ラ一鋪・同經八品
以上長講斗定　三十石七斗八升」

佐保田莊

佐保田新免正願院塔堂佛聖田（十六町五反、）」

二町六反　法華寺寄進田
四町三反　普賢院艹弘僧都給分
三反　法華寺長老御一期許可
一町四反　孝承寺主給分各八斗代、
此内百姓
三反　法花寺尼衆有舜房　三反　小太郎
二反半　清國　一反　行阿ミ
二反半　觀阿ミ　三反
四反　御油田
二反　御油田
一反半八斗代、　善性給分
一反半八斗代、　有舜給分
一反八斗代、　坂七郎給分
二反　定使給分　正陣
一反　正陣給分

（36ウ）

」

半　　正陣給分、但田數之外道跡歟、

四反　　正市跡

三反　　奥給分

一反二百六十ト　百姓奥　一反　奉行方」

(37オ)

三町二反九斗五升代、　百姓奥

分米二十六石九斗五升

五石　專長　一石(六斗)○　善性　六石七斗三升五合(依年不定、ゝ米四分一給之、)　奥給分　十三(×四)石六(×[illegible])斗一升

五合　公方分

二反八斗代、　百姓岩

二反八斗代、　百姓長有

二反八斗代、　百姓太郎次郎

分米四石八斗　發心院二石四斗ニ雖請定、無沙汰之間召放之、地作一円ニ門跡知

行也、自長祿二年定百姓了、

(37ウ)

合拾四町五反半(ヒ)二百六十ト

一町九反余不足也、但一町春日談義田在之云々、」仍不足九反余歟、

或記云、新免十六丁五〔反脱〕支配事

二丁　堂塔修理田　一町六反　一院中毎日雑事方色ゝ

三丁　一年中佛事方付院僧布施、　四丁一反　同燈油代

九反　上番田　三反　下北面田

三反　花摘田　六反　御下ア四人田

一反　六所供燈油田　一丁　春日談義田

二丁六反　法花寺寄進田

合十六丁五反此内一丁分出云ゝ、

大宅寺荘

大宅寺庄十一町四反半、

（38オ）

本名田〇五名　三町五反之内、損田七反反別七十二歩定、

仍得田二町八反　分米八石四斗反別三斗代、庄納定本斗十合三才

新名田一町二反　分米二石五斗反別二斗余、

御佃五反　分米八石五斗反別二石、除種子農析反別三斗定、

南勝院六反半　分米一石九斗五升反別三斗代定、

田井庄三反　　分米九斗反別三斗代定、
窪庄七反　　分米二石一斗反別三斗代定、
糠田一町　　分米六石四斗反別六斗四升代定、

（38ウ）

浮免二町六反之内
池上七反斗代、　預所分
飯盛五反斗代、　三反ハ預所分　二反人給分
一町四反公方分常荒半、斗代、　分米一石三斗五升
合拾町四反半不足一町欤、但下司給分欤、
合分米三十三石三斗欤、

一永享十年九月日下司注進下用事
永享十年下用分
三石六斗　大宅寺佛聖
二石七斗　同寺燈明
一石四斗八合　同寺修正方
二石一斗七升一合二勺　同寺神祭二季分
合九石八斗七升九合二勺御米升ニハ六石六斗、

（39オ）

一同負所注進〈八月米〉但沙汰人淨仙房（實譽）注進歟、
一反古湯屋、　一反塔ノアタリ云塔カイト、
半古湯屋前、　一反半ツカマワリ、
二反切半ツカマワリ、　六反南勝院、新在家僧、
二町七反（八）負所三斗五升五合、西井殿庄之内也、　大宅寺庄分一丁二反切半、反別三斗代、三石七升五合歟、
一八月米負所同注進
七反反別三斗、合二石一斗　（山田）五反反別三斗、合一石五斗
都合三石六斗歟、
三石六斗沙汰之、
（39ウ）
一近來進濟分庄立用六石六斗以下、合十八石三斗沙汰也、仍御米十五石不足也、幷田一町不足也、
二石　山村東方沙汰
一石六斗　下司方沙汰
以上
此内
二石一斗　八月米

五斗　正願院彼岸千燈會方
一斗　沙汰人給
一石五斗　公方分
以上
二石　山村給分薬師淨春之闕分、
以上
六石六斗　大宅寺佛聖燈明二季祭等
二貫　春季夫賃　覺朝公給分
二貫　炊〔秋〕季夫賃　公方分
自四名出之、仍山村東分秋季七百五十文
二石　山村筑後〔淸胤〕公分
三石　小南子春円給分号大川負所、春円入滅後小南ニ給之、一期後可返申云々、則御忌日方ニ付之了、

（40オ）

一嘉吉元年納所淨仙注進云、
注進　大宅寺御米事
名田十名之內、殘米

納所實譽注進狀

波多荘

一石四斗　　二石一斗　八月米反別三斗、七反、
一石　山田　一石五斗反別三斗、五反、」
（40ウ）
合六石之内
現納三石三斗九升七斗未進、
右、注進言上如件、嘉吉元年辛酉十二月日　實譽淨仙判」

（41オ）
波多庄五丁一反四十ト、椿尾下司
三石　明教勾當給分　二貫四百文　夫錢文安元年己心寺納之、千刀經御布施也、
本帳云、五石四斗六合
貞治六年帳云、七石　六反所當六石三斗　山手米八斗
大豆一石五斗・麥一石五斗、畠三丁地子也、
（追筆）「一良因名　正願院御帳云、護摩田　山邊郡一条六里之内、十四坪東八反佃、廿三坪一丁片鉾、　廿六坪一丁梨子木坪、合二丁八反也、
良因院田一丁七反六十ト云々、　進官帳在之、
山邊郡田部南庄之内五反　檜垣庄之内一丁二反六十ト」」

（41ウ）

布留宮ヨリ戌亥當　三丁　正願院護摩田也、

良因名八反　納所中尾下坊升四升延、

一丁三反▒

各六斗二升代
一反半一石五斗五升免六斗七升五合
得八斗七升五合　ハ、アマ也、
良円房

二反切荒各七斗四升四合代　免二斗七升　イ三斗五升
○一反二反切カキウチ、　岩室道場百姓布留主典次郎、

各六斗二升代
一反半九斗三升免四斗五合
イ五斗二升五合　豊井
行夫庄屋之闕、

各六斗二升代
一反半九斗三升免四斗五合
イ五斗二升五合　ハ、
左衞門大郎

大云々、半荒云々、各六斗三升代（九）　免四斗五合（二七）　イ五斗▒升五合（三五）
○一反半字中門ノクホ　九斗三升代　百姓藤内數年隱田幷亥・子兩年分無沙汰之間、文明元年九月十二日召放之、被仰付行夫了、藤内モ行夫モ各豊井披官云々、

七斗○代（二升）　免二斗七升　イ三斗五升
一反字　亥戌角田、　同前仰付行夫了、請文在之、藤内之闕分、

六斗二升代　免二斗七升　イ三斗五升
一反　ハ、アマ也、
賢如房

六斗二升代
一反三反切八斗六合免三斗五升一合
イ四斗五升五合　豊井
行夫　二反七斗　此内一斗六升引物、
定殘五斗四升　木阿方、

各六斗二升代　免四斗五合　イ五斗二升五合　岩室ノ
一反半九斗三升　行夫　又九月十二日ニ未進一石藤内分
行夫進之、木阿方足向、

文明元納所ニ納分　三石六斗五合　此内ニ可有引物也、

（挿入文書）
「良因名二丁八反
」

二反半馬場ノ尼良円房　一反半堂前、　岩室道場
一反　カキ内ノ次郎　一反半　豊井ノ刑ア庄屋ノ闕分、
一反半馬場ノ左衛門太郎　二反半　豊井ノ刑ア藤内之闕分、
一反三反切馬場ノ賢如房　一反三反切　豊井ノ刑ア
一反半カキウチ岩室ノ刑アカキ内次郎下百姓、
合一丁四反（三）（×▓）六反切
山邊郡十条六里之内、十四坪之内、東八反佃　廿三坪一丁片鉾、　廿六坪一丁梨子木坪、」

（42オ）

布留鳥居北ノ脇
溝代六反一丁　納所中尾下坊
一反　六斗の代（二升）　免二斗六升　イ三斗六升　庄屋シキ三郎　河成二反七斗二升、此内引物一斗六升、定残五斗六升木方、
○二反河成三反一石八斗六升　各六斗二升代　免五斗二升　イ七斗二升　庄屋シキ治ア
○一反河成二反一石二斗四升　各六斗二升代　免二斗六升　イ三斗六升　クホ法道
文明元　納所ニ納分一石四斗四升
此外四反違乱
一反　井戸堂中押領
一反　豊田北押領

一反　同

一反　豊井押領

中山

中山寺ヨリ辰巳南ニアリ、

中山六反半ミ　納所中尾下坊升四升延、自地下持來之、

（42ウ）

一反半・七斗代（×八）　一石五升莇田、　西光院ミ（釜口南五大院）「（追筆）文明五年毛見ニ一反半見出了、合三反二石一斗、」

半一反・八斗代（×四）（×■）ミ　西光院（釜口）「（追筆）文明五年毛見ニ百姓普賢堂堯文、」

二反・七斗代（×八）カシハタ　一石四斗莇田、　衞門三郎「（追筆）文明五年毛見ニ百姓南五大院、」

二反・八斗代（×七）ヲウセマチ　一石六斗免一石二斗イ四斗（莇田ノコリ）　南五大院（釜口）

一反七斗代ミ

合八石五斗一升　文明元年納所ニ納分四斗　「（追筆）文明五年」

「（追筆）文明六年毛見七反半也、」

古市

（43オ）

藤原ノ郷内ニアリ、

古市四反六ミ　納所中尾下坊

二反七斗代五　百姓古市左衞門太郎九分　免六斗五升　イ三斗五升

二反七斗代五　百姓藤原免六斗七升　イ三斗三升

一反五斗代　百姓長井九郎さ衛門　免七斗五升　イ二斗五升

文明元年納所ニ納分九斗三升、

（追筆）
「文明六年ハ六反毛見也、」

針莊

（43ウ）

一石二斗

（山邊郡）
針庄負所米　納所中尾（×中）下坊

中莊

五斗

（添上郡）
中庄負所米　納所中尾下坊

萩莊

（44オ）

（宇多郡）
萩庄負所米一丁四反　納所中尾下坊

本帳云、萩・針兩庄分云〻、
六石六斗

荒蒔莊

イノ原ノ西
荒蒔庄六反、　納所中尾下坊五升五合延、新免之器ニ同也、

一反八斗代免二斗七升
得五斗三升　アラマキ
左衛門次郎

三反各八斗代免八斗一升
イ一石五斗九升　アラマキ
馬

一反八斗代免二斗七升
得五斗三升　サコ（アラマキ）　一反七斗代免二斗三升八合
イ四斗六升二合　治ア（アラマキ）

以上三石四斗七升二合　文明元年十月廿二日本阿弥注進之、

二町号池内、立野東御恩也、東無正躰成下後ハ安位寺殿〔經覺〕御知行、御代官長柄南也、春阿弥御給分也、違乱共有之、三反ハ知行云々、」

（44ウ）

護魔〔摩〕田三町

此内六反精進供田云々、佃也、

二反藤内馬場、豊井下人也、
布留　正陣方知行、各八斗五升代、

一反庄司勾當、
布留、

一反布留宮作、　報恩院知行

一反号護广田、　報恩院知行

一反同、　同

以上六反之内、二反違乱、正願院護摩田三丁之内、六反ハ同院精進供田也、於三反者、當知行、三反ハ相乱之事在之、但報恩院知行六反分在之、一丁佃之内也、」

（45オ）
一永享○〔三〕年中納所上北面堯専納帳云、
大江負所一町三反百〔イ〕八十歩或帳、此内二反半、七斗五升、常光院修理田云々、
反別三斗五升五合大宅寺升ニ延一升、本斗定、
合四石六斗一升五合歟、
針○〔別〕庄一石二斗金伏、依爲正願院殿長合一斗二升口ヲコシノ、五十五文饗應ニ下行了、
大宅寺十五石五斗九升古市四升八合延、
一石一斗九升同
合十六石七斗八升
（45ウ）
延定廿○〔四〕石八斗三升四合
若槻庄負所六丁イ五丁五反三百ト八合斗定、一升延、
中山庄地下升持來、四升延歟、
四石三合ハ延定五石六斗
同二反夏麥事　三斗四升七合
良因寺四石八斗八升八合
延定六石八斗四升三合二勺

池田云々、一丁一反歟、
菅田方　三石三斗二升　延定四石九斗一升三合大宅寺升同也、

本帳云、五反云々、
八嶋延マテ一石一斗九升八合二勺

精進供升ニテ可請取、

一反五斗五升代　一反同　二反七斗七升代　一反七斗代

（46オ）
五反
精進供田〇二石三斗四升四合新木升也、五升五合延、

延定三石六斗三升二合

尾木分一丁四反

尺度庄九月九日米八斗一升

延定一石一斗一升七合

新免ホウラ井方

合二十五石八斗三升庄器定、

同ヲク方

合九石七斗五升同、皆納、

（46ウ）
同小百姓方

合四石二升同、

都合三十九石七斗九升歟、

新木三合二勺延、

合三石二斗一升七合延定四石二斗四升四合、

尺度庄三升八合延、

合九石四斗一升四合延定十二石九斗九升三合、

（47オ）

舍利講小頭式目事

佛供粁黒米六升此内四升五合燈油三合代、

僧膳粁白米三斗各金伏定、

菜六種各三十人分、

汁二桶各三十人分、此内一冷、

大和折敷六十枚人別二枚宛、

箸三十前

土器百二十五度入、

小土器百八十スツキ、

以上

膳支配

同膳支配事

(47ウ)
導師一前　伽陁二前
管絃者十四前　承仕二前
沙汰人三前　下北面一前
院仕一前　上番一前
花ツミ一前　下部四前
以上三十前
同膳請取事、自沙汰人方送之、
正願院殿御舎利講小頭事二人合頭、一人分、
合
(48オ)
佛供粁等黒米三升　僧膳粁白米一斗五升各今〔金カ〕伏定、
菜三種各三十人分、　汁一桶三十人分、
大和折敷三十枚　箸十五前
土器六十五度入、　小土器九十スツキ、

右、來十九日辰貝定、可被進正願院殿之狀如件、

寛正二年九月十日　　沙汰人某判

今一人合頭同前、但可爲冷(×一)汁一桶者也、

就中二分懃仕之時、每事一陪〔倍〕沙汰也、

」

（48ウ）

請取　正願院殿御舍利講大頭事

合

右、爲來十九日御舍利講導師等御布施請取狀如件、

寛正二年九月十五日　沙汰人某判

」

（49オ）

清原庄

本帳云、

三石八斗七升

小山戸庄

本帳云、

九十四石六斗六升九合九勺長講斗、

水涌庄内窪名

本帳云、七石長講斗、

末弘法師寄進田

本帳云、二石二斗五升長講斗、

鎮守拝殿葺板析

山尻庄

本帳云、七石八斗六升但年、不同、

（49ウ）

添上郡字奈良坂
奈良坂田一町五反六十歩
一反小者、
四至　限東大道　限南小道　限西小河　〻北小道

字千東　一反八斗代　奈良坂　一反八斗代　同　一反半八斗代
車坂井口　一反小九斗代　奈良坂　一反小八斗代　慶宗谷路ヨリ西也、　一反三斗代
同　一反三斗代　奈良坂　一反三斗代　奈良坂山内作幣田云〻、　一反九斗代

本帳云、拾石四斗

城上郡
小夫庄念佛田四反大字唱補谷（菖蒲、下同ジ）　四至限四方皆唱補谷峯云〻、　限北庄領田云〻、

本帳云、四石四斗念佛田分、

常光院殿供田　小夫肩利幡四反分米也、曾
四石二斗一升七合之内、四升反米、本斗　定米四石七升七合金伏、延六石一斗一升五合五勺、
限東類地、限南河、限西溝、限北大道、

（山邊郡）鞆田庄

本帳云、三石六斗

端室庄

本帳云、三石六斗

（50オ）

常光院御墓堂領不斷念佛田

二町余　百濟郷之內南郷知行歟、

同領

三井寺內、八鳥十石　金伏延定十三石

橘寺　廿石　同延定廿石六斗

井前二反延一石五升、自南七反目七斗代、自南九反目八斗代延一石二斗、

限東峯、限南河、限西峯、限北大道三反之內、　同修理田　限東大道、限南峯、限西際目、北同、

小夫肩〔曾〕利幡二反石代、　同竹尻一反石代、同室〔靈〕谷一反八斗三升代、四至限東峯、限南岸、限西際目、限北峯、各此内反別一升進春日社、
井前二反七斗代、自南四反五反目、　小夫庄分、　三反ハ字箕造、　三反ハ字靈谷合六反也、」

（50ウ）

正願院知院職

正願院知院職本良家・西座、近來坊官、正願院幷山寺諸邊奉行之、以殊法事爲本、
五百文　毎月致其沙汰、号知院山析足、自倉々出錢之、年預取進之、
月迫柴　田原上下庄各年〔隔〕ニ沙汰、
本座
塩座衆月迫駄析足二貫文　毎月百文塩代、　或現塩也、此内二月分二百文定使給、
御舎利講管絃者補任
芾山庄番匠・大工号大宅寺庄〔座〕、補任
シタミノ座
塩座油一升十合器、　一升長合器、舎利講方、二月十五日沙汰、
石ハイノ座衆三人、　油六合　瓜十八　ハイ俵二近來無沙汰歟、」

（51オ）
（別紙）
「□所當廿一石八斗五升反別三斗代定、本斗定、
畠所當麥一石一斗八合五勺

大豆一石一斗八合五勺

□末庄若槻庄田五丁五反三百ト〻所當十六石一斗九升五合反別□斗九升定、八合斗定、

一反六十ト大
畠〻所當大豆二斗三升三合四勺

同末庄大江庄所當一反百八十ト此内二段半 所當七斗五升 常光院修理田▒ 所當四石五升本斗、反別三斗代定、

同末庄西井殿庄二町三反　所當六石九斗反別三斗定、本斗、

同末庄寺領〻〻上河内荒熟五丁内、

畠四反地子六斗、反別一斗五升代、本斗以見米弁之、

定田二丁五反百八十ト

已上四十九石五斗九升五合本斗定、

(51ウ)

六十九石九八斗三七升七合一合斗別四升一合延定、

(52オ)

西井殿

二丁三反　所當六石九斗反別三斗、本斗定、

畠四反地子六斗一斗五升定、

大宅寺領
上河内荒熟五丁内〻

承久二年正月十四日良円入滅、同三年始之、

三ヶ院家内
常光院宝篋印塔恒例佛事　最初一乗院良円僧正佛事也、

（52ウ）

長日供養法三口　各三石六斗供料米

大般若　六口　各一石本一石二斗云〻、

旬地藏講　一口　一石二斗

毎月十四日忌日三口、導師一斗　請僧五升

同宝篋印タラニ衆六口　各六斗

同法花經一部　見眞〻一石二斗

同梵網經下卷　一石二斗

不可有懈怠之由、寛喜四年正月十四日被定之、

地藏供養法一口　建長元年五月始之、十四日・廿四日

宝篋印法　一口　正元〻年八月始之、十四日・廿四日

弥勒法　一口　文永八年正月始之、十四日・十八日」
（53オ）薬師法　一口　同

同供料事

三井寺之内、服庄(平群郡)(イ八鳥)年貢　十石九合五勺升定
延十三石一斗五升　金伏升定

橘寺年貢　二十石七合三勺升定
延廿石八斗　金伏定
都合三十三石九斗五升

御墓塔一年中用途等

佛聖三石六斗　油一斗六升　料米二石
毎日洗米二坏、三斗六升　供僧三口、各三石六斗
以上十六石七斗六升
御忌日導師二石　請僧三人各二斗、
承仕一斗　佛供一升

以上二石七斗一升

(53ウ)

御月忌導師一斗　　請僧二人各五升、

佛供一升

以上二石三斗一升

山井殿御忌日、於正願院塔行之、供析橘寺役

導師五斗　　請僧二人各二斗、

佛供百坏析二斗　　洗米一升

以上一石一斗一升

閏月年各加增分一石六斗四升

都合二十四石一斗四升　　殘米九石四斗二升

一　以上承久二年菲山本願大僧正信円依仰懃之、

一安貞二年十二月日注進、被副供析等事、

正月十四日御忌日晝夜六時タラニ六口各一斗、

持經者、毎月一斗

(54オ)

著到紙二帖　一斗　　毎月御月忌タラニ時炭二斗

合二石

一山邊郡南郷、十条六里十五坪自南四反〆・五反〆、二反常光院墓堂

一城上郡小夫庄之內、四反字曾利幡、限東類地、限南河、限西溝、限北大道、

一反字竹尻、限東大道、限南峯、限西際目、限北際目、

三反字箕造、

三反字靈谷、

一一反福寺ノ西 正願院方、八斗代、百姓藤木池ノハタ、 文明四年繼舜奉行之、

一安場ニ一反在之云〻、同地云〻、

（54ウ）

一三經供田

一反京ハテ上田、八斗代、 百姓京ハテ住

」

正願院方検見帳

（55オ）

文明六年正願院方毛見帳上使木阿ミ、定使慶万、

中山荘

一中山庄

二反ヲウセマチ 一石六斗代免七斗四升 得八斗六升百姓釜口南五大院

一反半フスマタ 一石五升代免四斗九升八合五勺 イ五斗五升一合五勺百姓同

一反半フスマタ　一石五升代（免八斗五升、イ二斗）　百姓中山衞門三郎跡

二反カシワタ　一石四斗代（免一石二斗、イ二斗）　百、釜口五大院

半　四斗代（免二斗、イ二斗）　百、釜口（普賢堂之内、）堯文

合二石一斗一合五勺

溝代

（55ウ）

一溝代ミゾシロ

二反　一石二斗四升代（免五斗二升、イ七斗二升）　（庄家敷）治ア

一反　六斗二升代（免二斗六升、イ三斗六升）　衞門クホ

一反　六斗二升代（免二斗六升、イ三斗六升）　三郎クホ

合一石四斗二升

良因院名

一良因院名二丁八反　護摩田也、八反ハ佃也、

二反半　一石五斗五升代（免七斗、イ八斗五升）　（馬場）良延房

一反半　九斗三升代（免四斗二升、イ五斗一升）　（豐井）刑ア

一反半　九斗三升代（免四斗二升、イ五斗一升）　同

（56オ）

一反半　九斗三升代（免四斗二升、イ五斗一升）　同

一反三反切　八斗六合代（免三斗七升四合、イ二斗八升）　（馬場）賢如房

一反井ヌイタ　六斗二升代免二斗八升 イ三斗四升　（馬場）さ衛門太郎

合三石五斗二合

（56ウ）

一荒巻（アラマキ）

二反　一石六斗代免イ　馬（イナハ）

一反　七斗代免イ　さ近次郎（イナハ）

半　四斗代免イ　さ近（アラマキ）

半　四斗代免イ　念佛講中（アラマキ）

合

一藤原

二反ハルノキカ井ト　一石代免六斗七升 イ三斗六升　古市殿

二反タケカハナ　一石代免イ　藤原殿

二反　一石代免イ　（長井）九郎衛門

（57ウ）

尺度庄之内、斗米方田地文明六年給人伊与守吉久検注帳、

三反（タカヲウチ 尺度庄ノ）　サコノ五郎　一反（タカヲウチ 万歳ノ）　サ井モク屋

タカヲウチ　　ヲハタケ
三反　サコノ二郎　　タカヲウチ
二反　カワニシノヲチトノ押領、エモン二郎、

タカヲウチ　キタ
一反　ヲカ

以上一丁南今井廿五条八里廿坪、　　七反田
三反　五条野殿押領、　カワニシ　九郎

七反田
七反　此内三反ハ豊前ノカウタトノ押領、ヲチ
四反ハ　ヲハタケ　サコノ二郎

以上一丁検校殿廿六条八里廿二坪、(×■)

（58オ）

井黒
井クラ　ハチカワ
三反　センタマサイ殿押領、　　井クラ　キタ
二反　ヲカアレナリ三郎五郎

井クラ　ハチカワノ
一反　念佛講田アレ　　井クラ　ヲハタケ
一反　堂田

井クラ　ハチカワ
二反　三郎五郎アレ　　井クラ　タ井マ
二反　コ子ンハウ

以上一丁廿六条七里廿四坪也、

古河
フルカワ　タ井マ
一反　コ子ンハウ　　フルカワ
一反　百姓尺度鳥屋方押領、

フルカワ　ホソ井ト
一反　ソツトノ万歳押領、　　フルカワ　ツンタウ
一反　キヤウメウ　押領ヲチ、

フルカワ　タ井マ
三反　ナカモノ　　フルカワ
二反　此内一反ハンタトノ押領、キヒタ三郎五郎
一反ヲチヒコ太郎　　尺度ノ　マコ六

フルカワ　ヲチヒコ太郎
二反　シヤクタウテン　衞門太郎カワ(ニ)シ押領ヲチ、

以上一丁一反廿五条八里十九坪、

」

南池內
井ケウチ三反　尺度ノサコノ太郎
廿五条八里十八坪

二反　ハンタ　三郎五郎押領、
西古川廿五条八里卅坪

合四丁八反　合四石八斗負所米也、

（58ウ）御前帳

此斗米ハ本帳ニ尺度寺之內、検校殿田云々、四丁五反也、里坪等在之、御前帳字等在之、」

イクラハ井黑也、」

文明七年十一月日正願院御經藏ヨリ召出、書寫文書也、

（59オ）六所護摩供田

六所護魔〔摩〕御供田

一反　右京八条一坊十一坪二反大之內、西一反也、八嶋西邊在之、字田中、

四至限南畔、限西類地、限東際目、限北畔、

合六斗五升者、地子升定、延九斗七升五合正願院金伏定、之內、

四斗御節供不足米宛之、正月三日・五月五日・七月七日・九月九日・四ケ度分、

五斗三經講讀供析、六人ニ可令下行之、

七升五合納所得分　正和三年甲巳卯月十五日置文如此也、

一反　美乃庄田
添上郡京南二条二里十八坪內自西四反目、東欤、

四至限東他領、限西類地、限南畔、限北畔、
小夫升定、毎日神供方

（59ウ）
一反　添下郡七条一里卅五坪内自西五反目、
今黒田
四至限東他領、限南畔、限西類地、限北大道、
器物大福院升定、毎日神供方
以上

正願院護摩堂
領

正願院護广堂領事良因名事歟、
一町　山邊郡十条六里廿三坪　字片鉾
一町　　　同廿六坪　字梨子木坪
八反　　　同十四坪之内、東　字佃
以上二丁八反
一反半添上郡京南三条三里十坪之内、自東二反目・三反目之五段切、
（60オ）
二反　十市郡西郷廿条一里九坪之内、自東二・三反目、
以上三反半

惣菩提山御領

都合三丁一反半

一反　城下郡東郷十三条三里廿二坪之内、東道（備前ノ穴ロノ田）

四至限東畔、限南畔、限西際目、限北畔、

地子七斗五升

一反四反切　十市郡西郷廿条二里十六坪之内。（西大垣庄ヲウノ）一反四反切之内、自南三反目也、西院四反切并四反目也、字鴨田、

四至限東露、南類地際目、西畔、北際目、地子一石、

一反　杜本南浦

一反　九条

二反　薬王寺南浦小町

以上六反四反切

（61オ）

惣𦫿山御領

𦫿山領百五十二丁二反三百卅歩寺門反米定田、

西井殿庄負所　大宅寺十一丁四反半

（添上郡）福嶋市八丁三反三百ト　波多庄五丁一反四十ト

中庄六丁五反

大江庄負所

（添上郡）窪城庄御油

新免田十七丁余

（61ウ）勾田庄十四丁八反

礒上庄御油

多田庄炭寄人

豊田ナウタウ負所

萩庄負所

（添下郡）西山庄

鏡作ノ西邊、

常樂寺新願所、

（62オ）服庄

曾我庄御油

慈明寺御油

飯フリ谷庄御油

若槻庄負所

和邇片岸十八丁余

森本庄御油

山田庄御油」

小山戸庄廿一丁六反小

中山寺負所

針庄炭寄人

針別所負所

荒蒔負所

（添下郡）上鳥見庄

檜垣庄中尾坊領、」

（高市郡）五位庄飯室庄御油、

堤庄坊城野庄

高松庄御油

山本庄念佛田新所、

池內庄御油　　巨勢郷極樂寺、御油
（葛下郡）北興田庄　　（葛下郡）豐國庄
大畠庄　　曾祢庄
笛堂　　礒野庄御油
（62ウ）小垣庄御油　　千代郷御油
長林寺御油
○四紙白紙、

寛正二年八月　日
正願院勲行并院領引付
大乘院

（表紙題簽）
「三箇院家抄　四止」

（原表紙、自筆）

『諸供諸納所』
三箇院家抄第四

大乗院

北圓堂領

（１オ）

寛正六年三月　日

北円堂瑜伽論新所三十口供田記之、

横田本庄田代幷坪付等注文

大乗院

（１ウ）

北円堂領後鳥羽院御寄進、

（添下郡）横田本庄云番条庄、

（同上）横田新庄云伊豆・七条庄、

（高市・十市郡）古木本庄云四条西宮、

（同上）古木新庄云雪別所、　柏手西宮、

（２オ）

（添上郡）浄照田云大安寺辰市、

（葛上郡）玉手庄

（添上郡）上生講田云古市、六町六反、

三ケ庄宇多郡田口庄・赤埴庄・篠畑庄、

横田本莊惣田数并坪付

（2ウ）注進延慶三年庚戌〔戌〕　横田本御庄惣田数并坪付等事

合

四条一里四坪内、六段内、三反ハ執行御分、

同　五坪内、一丁大此内佃三反預所田、加里外大佃三反定、七反大ハ供僧、

同　六坪九段三百八歩

同　七坪内、六段三百卅ト加定使田二反、四反三百卅、

同　八坪一町

同　十八坪一町

（3オ）五条一里一坪内、八段三百ト

同　十二坪六反三百ト内

同　十三坪八反三百卅四ト

同　廿四坪一反

同　二坪四段四十歩検校所御方、

同　三坪九反小内、七反小ハ検校所御方、二反光明寺田、

同　四坪一町内、三反半七トハ執行御分、

同　五坪一町検校所御方、

同　六坪九反小

（3ウ）

同　七坪九段三百廿ト検校所御方、

同　八坪八反大検校所御方、

同　九坪九反半内、九反小検校所御方、

同　十坪八反小廿二ト内、四反小五十トハ執行御分、一反ハ光明寺田、

（追筆）「同　十一坪二反半卅ト内、一反半十八ト検校所御方、」

同　十四坪二反三十ト検校所御分、

同　十五坪六反三百卅ト内、五反六十七歩検校所御方、

同　十六坪二反三百廿七ト内、二反佃、

同　十七坪二反八十六歩

同　十八坪二反九十三歩
同　廿坪三百卌ト」
（4オ）
同　廿一坪五反大卅五ト内、一反三百五ト検校所御分、
同　廿二坪二反半卅ト
同　廿六坪六十ト
同　廿七坪四反七十七ト
同　廿八坪三反大廿□
同　卅五坪四反
同二里二坪二段二ト
六条一里一坪九段三歩執行御分、
同　二坪一町執行御分、」
（4ウ）
同　三坪一町
同　四坪九反大
同　五坪七反
同　七坪八反三百卅一歩

同　八坪九反百二卜
同　九坪九反小(×■)九卜
同　十坪九反小内、預所佃二反、
同　十一坪五反内、三反佃、一反金光寺田、
同　十二坪一町
同　十三坪二反大廿八歩
(5オ)同　十四坪一反大四十二卜
同　十七坪一反半四十八
同　十八坪二反小卅
同　廿二坪三反半廿
同　廿三坪六反三百二卜
同　卅五坪九反卅三卜
七条一里十二坪六反百卜
下道東浦二反進官田、
惣都合三十三町四段小十九歩内

（5ウ）
除

三反　光明寺免、

小　古蓮池、同寺免、

一反　金光寺免、

一町　預所田、

二反　定使田、

已上一町六反小

殘田三十一町八反十九歩加進官田二反定、但一反ハ新田ニ出畢、一反ハ六斗代、但定使給、

募

二反　神免、

（6オ）
三反　公文給、

七反　下司給、

已上一町二反

殘田三十町六反十九歩內

常荒七反小五十四ト

常不作二反小五十一ト
河成一反百十五ト
溝代三十ト
年不作三反三百四十ト
已上一町五反百十歩

（6ウ）

殘定田二十九町大廿九歩內、
陸町　檢校所御分被切召之、
三町　執行御分被切召之、
已上九町
殘定田二十町大廿九歩、分米
合百二十石四斗四升八合二勺熟年定也、反別六斗定、
一御立用
一石　春日上分米
五石　同御祭析

（7オ）

三石六斗東金堂御油析

三石　同御堂僧供料

六斗　御倉祭料

六斗　御庄井料

以上十三石八斗

殘定御供米百六石六斗四升八合二勺

右、注進如件、

延慶三年八月八日

貞和二年七月九日借請興陽院本、書寫畢、

于時寛正六年三月廿五日書寫之、

北円堂瑜伽論檢校前大僧正（花押）（尋尊）

北圓堂供僧供料田支配

（8ウ）銘曰、北円堂供僧田支配注文、

北円堂供僧三十口供料田支配等事

合

横田本莊

号番条、

一横田本庄十口　一口別一町一段六斗代、分米六石六斗、延定七石二斗六升、

（9オ）

一口松洞院（顕親）
四条一里六坪三反三百八歩　同八坪三反
同十八坪二反　　条（マヽ）条一里十二坪二反六十歩
一口浄名院（清憲）替理趣院（顕昭）、
四条一里六、二反　　同七、二反
同八、四反　　同十八、三反
一口西南院（實聴）
四条一里六、二反　　同八、三反
同十八、四反　　五条一里十二、二反
一口發志院
五条一里一、二反三百歩　六条一里三、二反
同五、一反六十歩　　同十二、二反
同卅五、三反
一口春識房僧都
四条一里四、二反　　同五、五反

」（9ウ）
五条一里卅五、四反
一口中納言得業憲信、
四条一里五、二反大　五条一里一、三反
同六、二反小　六条一里三、三反
一口東院
五条一里一、二反　同六、三反
六条一里三、四反　同廿三、二反
一口延蓮房擬講替覚善房擬講、
六条一里四、四反大　同八、五反
同十、一反小
一口竹林院（乗尋）替慈恩院、
」（10オ）
五条一里廿八、一反大廿歩　六条一里四、四反
同七、一反　同八、四反百二歩
一口少納言擬講替俊継得業、
五条一里廿八、一反　六条一里七、一反

同九、二反　　同十二、四反
同卅五、三反
以上

伊豆莊

（10ウ）

一伊豆庄二口　一口別一町七反半三斗代、分米五石二斗五升、延定七石二斗、
一口花藏房
五条二里三坪一反　順観　同十、二反　弥王四郎
同廿三、一反　紀次母　同廿八、一反　袈裟
同廿七、二反　又二郎　同卅三、一反半　弥藤太
同卅四、三反　源太郎　同卅四、一反　五郎
同、一反　來迎　同、二反　行禪
同、一反　長壽　同廿九、一反　福壽
一口　一丁七反二百十卜
五条二里十一、一反大　行禪　同、二反大　八郎
同廿三、小　源太郎　同廿六、二反　又二郎
同、二反　平二郎　同、一反　西信

（11オ）

同、二反　三郎　　同廿七、二反　紀次母

同廿四、三百歩　平八　　六条一里廿八、三反　源七

已上

七條荘

一七条庄二口　一口別一町四反〇三百ト余斗代不同、分米五石二斗五升、〃延定七石二斗、

一口一丁四反三百ト

七条一里一、三反四斗代、源三郎　　同二、一反四斗代、刀祢

同、一反四斗代、弥五郎　　同三、一反四斗代、弥五郎

同四、二反四斗代、源六　　八条一里四、二反三斗（代脱カ）、刀祢

同、一反三斗、、源三郎　　同九、三反三百歩三斗、、源三郎

（11ウ）

一口一丁四反大

七条一里一、二反四斗代、源三郎　　同、半四斗、、刀祢

同四、半四斗代、刀祢　　同十二、一反小四斗、、源三郎

同二（×四）、三反小四斗、、現眞　　同三、一反四斗、、源三郎

同四、半四斗、、刀祢　　同十二、一反小四斗、、源三郎

八条一里二、二反三斗、、浄円　　同四、二反三斗代、松

同九、二反三斗、、弥五

已上

一古木本庄六口　一口別七反七斗代、分米四石九斗、延定七石一斗五合、

一口修學房

（12オ）

高市郡西廿五条二里三、二反字栗ア、

十市郡東廿四条四里十四、二反横大道、

同廿二、三反殖田、

一口定禪房僧都

高市郡西廿五条二里三、三反栗ア、

十市郡東廿四〇里十四、二反横大道、

同廿二、二反殖田、

一口松南院替願教房擬講、

高市郡西廿五条二里三、二反西ア、〔栗カ〕

十市郡東廿四条四里十四、二反横大道、

同廿二、三反殖田、

（12ウ）

一口見塔院替中納言得業範雅、
高市郡西廿五条一里十三、二反橘田、
同廿五、五反妻田、
一口來迎院中納言律師、
高市郡西廿五条一里卅三、三反率川(イサカワ)、
同卅四、二反五条坪、
同卅五、二反宮坪、
一口蓮松房擬講替範守得業、
高市郡西廿五条一里十三、二反橘田、
同廿五、二反妻田、
同卅三、三反率川、
以上

(13オ)

古木新莊

一古木新庄四口　一口別七反七斗代、分米四石九斗、延定七石一斗五合、
一口三位法印
高市郡東廿四条二里卅、四反橘田、

同廿五条二里廿五、三反石田、
　一口淨恩房僧都
十市郡東廿三条四里三、二反横田、
同廿四条四里三、三反北柳田、

（13ウ）

同十二、小馬場、
同廿三、一反大殖田、
　一口輔律師
高市郡東廿五条二里廿五、三反石田、
同卅五、四反山坪、
　一口傳法院替淨名院、
十市郡東廿四条四里二、四反見下、
同廿三、三反殖田、
　　以上
一淨照田三口　一口別八反六斗代五升代、分米五石二斗、延定七石二斗八升、

（14オ）

　一口

左京四条二坊十二坪四反　同六条四坊十二、四反
　一口順泉房得業替琳円房僧都、
左京七条三坊六坪五反　同四坊十二、三反
　一口
左京五条三坊二、二反　同六条三坊十四、二反
同七条四坊六、四反
　以上

玉手荘

（14ウ）
一玉手庄三口　一口別一丁二反斗代不同、分米四石五斗、延定七石二斗、
　一口東林院（宗親）替修南院（隆遍）僧都、
二反五斗代、和田、　作人金徳入道　　一反四斗五升、、ナシマ、　清六
一反四斗五升、ナシマ、〔代脱カ、下同ジ〕　七郎　　一反四斗五升、クラトノ、　右衛門入道
一反四斗代、クラトノ、　円昭　　二反三斗、、ミナウタ、　尼公三郎左衛門道入〔入道〕後家、
一反三斗、ワタ、　勝行　　二反三斗、、大タニ、　下野房
一反二斗五升、ヤナイタ、　藤内左衛門尉
　一口福薗院（信顯）替塔内、

二反五斗代、ナカラ、　弥次郎左衞門入道　　一反四斗五升、ナシマ、　虎松
二反四斗五升、ナシマ、　權三郎　　一反四斗、、フルヤシリ、　左衞門入道
（15オ）
二反三斗、フルヤシリ、　左衞門入道　　三反三斗、十ノツホ、　越前公
一反二斗五升、イコイ、　尼公ニシサヒ、春教（ケウ）房母、

一口修南院

一反五斗代、クラトノ、　西願　　一反五斗、、クラトノ、　助一丸
一反四斗五升、クラトノ、　助一丸　　一反四斗五升、クラトノ、　金一
一反四斗五升、クラトノ、　西願　　一反四斗、、クラトノ、　慈願
三反三斗、、ハスヘ田、　　二反三斗、、ハスヘ田、　法佛
一反二斗五升、イコイ　尼公ニシサヒ、春教房母、

以上

（15ウ）
右、任去延慶三年證文、所書寫之狀如件、

正和三年五月　日

于時長祿二年六月十七日以隆舜法眼北円堂勾當也、記書寫之、

（×■■）・・前大僧正（尋尊）（花押）

「（插入文書）
東林院僧正知行分
春日社東（×春）御塔供一口分者、
五反　田原本
五反　十市ノ八条
合年貢四石四斗定米也、
反別十八文ノ公事錢
同佛供燈明方一口負所米　納所城土寛明房
二丁字高子、中ノ町、　田原本
合貳石二斗
巨細ハ田原本ノ藤五衞門可存知之、
此外
同田地ヨリ同春日御塔眞言經供粁在之、
芹山報恩院殿御知行、同藤五衞門可存知、
東林院僧正知行分

興福寺北円堂供一口分者、
七反　四条
合四石九斗定米
以上
此在〻爲學侶被成敗、▒可致無爲之知行候、
文明十一年閏九月二日権僧正尊譽（東林院）
（懐圓）供目代御房」

伊豆莊

（16オ）

寛正二年十二月十八日沙汰人注進、
伊豆庄　二十一町六反大卅歩之内
一町七反半三斗代定、　北円堂慶實観延房権少僧都、西南院住、「（追筆）分寛乗不存知之由申之、仍未補、」
「（付箋）一口伊豆庄　慶實観延房僧都、之闕、未補、」
一町七反半三斗代定、　北円堂俊實宗禪房権少僧都、花藏坊住、「（追筆）分善寛了春房、未補、」
「（付箋）一口伊豆庄　俊實宗禪房僧都、花藏坊、之闕、未補、」
八段大三斗代定、　北円堂御承仕田専清善観房、「（追筆）専祐」
八段大三斗代定、　北円堂御承仕田良弘専長房、「（追筆）良祐」

八段大三斗代定、　北円堂華摘田正陣法師」

(16ウ)
一町三反大六十歩三斗代、　北円堂預田東常如院、

一町三反大六十ト同、　北円堂預田西常如院、

一町三反大六十ト　知院事中綱給

一町九反　下司給田

六反　神田

六反　井新

一町七反大　預所田(×▓)・」

(17オ)
六町五反余

一應永十年後十月七日御成敗条々

供田本ハ一丁四反三百歩也、各三斗代也、此上分ハ給主得分也、三斗代分ハ堅以供新ニ可沙汰也、庄立用事、任先規恒例・臨時以本地子三斗之内可立用也、三反半被増之間、供新田成一丁七反半了、」

「(挿入文書)

「(端裏切封ウハ書)
明應六　　鐘樓房

城土殿進入候、　寛清」

將又相違の事候共、寛清存生之間ハ可知行之事、殊ニ御扶持之至候、

彼三昧御補任昨日頂戴申候、則四貫文此者ヨ進上候之由、御披露奉憑候、殊寂少事候、進

上物依御申、御扶持之至、畏入存候、何様參御礼可申入候、恐々謹言、

八月廿八日　　寛清（花押）

城土殿御宿所

」

（18オ）

七条庄　九町九反三百四十卜

一町四反余（三百歩）斗代不同、　北円堂寛尊陽春房得業、連〔蓮〕花院大轉經院住、　寛乗弟子寛盛欤、顯順房、　「（付箋）寛乗順長房、」

一町四反（大）（〔ヌ▓ト〕）余斗代不同、　北円堂英淳舜願房得業、窪坊住、　寛盛顯順房、　「（付箋）寛盛顯順房、」

六反半四斗代、　北円堂華摘田德力法師「（追筆）ー慶力」

六反半四斗代、　同　　慶德法師

六反半四斗代、　北円堂堂童子仕丁田

」

横田本荘

（19オ）

（番条）横田本庄　三十一町半十歩

六町六斗代、　三十（六）石　検校所分

三町六斗代、　十八石　執行分

一町一石三斗代、　十三石　給主佃

一町七反　給主田

三反六斗代、　一石八斗　定使田

十二町一反六斗代、　七十二石六斗　北円堂十一口分

（19ウ）

一町七反小六斗代、　九石二斗余　北円堂納所「（追筆）孝承寺主」

一町六斗代、　六石　同「（追筆）賢春法師」

三反六斗代、　一石八斗　公文給

七反六斗代、　四石二斗　下司給

三反六斗代、　一石八斗　光明寺免

小　同免池

一反六斗代、　金光寺免

二反　　　　神免

二町三反（六斗代、）　十三石八斗　立用方

（20オ）

三反半十歩

以上

永享十二年十二月六日受戒反銭算用帳　田數卅一丁半九ト之内

三町七反大九ト（河成云々、不審事也、）　九反大（佃、）

三反大（光明寺免、）　一反（金光寺免、）

五丁二反小（下司田云々、不審事也、）　三丁（畠屋シキ、如何、）

三反（定使田、）

合十三町七反六十九ト　不懸反銭云々、不審事也、

相残分　十七丁三反小之内

四丁九反半（検校所、）　二丁七反（執行田、）

二丁七反小（納所、）　一丁七反（給主、）

（20ウ）

一丁一反（泰經、傳法院、（追筆）「乘縁房」）　一丁一反（泰承、帥得業、（追筆）「陽禪房」）

一丁一反（佛地院孝俊、）　一丁一反（奥轉經院良深、）

一丁一反湯屋坊融舜、　一丁一反花藏坊
一丁一反發心院實弘　一丁一反南井坊善円、
一丁一反奥井坊光舜、　一丁一反吉祥院、
一丁一反阿ミタ院清舜、
合十二貫九十文致其沙汰了、」

古木本庄　五町大　寛正六年三月　日沙汰人注進之、
(21オ)
七反七斗代、四石九斗北円堂　松林院法印兼雅分、「(追筆)香實房」
一反四条ノサエモン、　一反四条ノサコノ二郎、　一反四条ノ十郎、　二反西宮ノケン太郎、　一反西宮ノ二郎三郎、　一反西宮ノスケ、
七反七斗代、四石九斗北円堂　井坊權大僧都懷尊跡分「(追筆)兼親」
二反四条ノサエモン五郎、　二反西宮ノマツタ井、　三反西宮ノ三郎二郎、
「(追筆)文明九年百姓名西宮五反之内、三反サエモン五郎、二反スケカウシヤ、四条二反三郎四郎、」」
(21ウ)
七反七斗代、四石九斗北円堂五師定清分、「(追筆)實英」
二反四条ノチウアミ、　五反四条ノ十郎、

七反七斗代、四石九斗北円堂權少僧都英憲分、「（追筆）一信承　懐藝」

一反四条ノ鬼、一反四条ノ六郎五郎、三反四条ノコ太郎、一反四条ノケン四郎、一反四条ノサエモン五郎、」

（22オ）
七反七斗代、四石九斗北円堂大納言得業尊譽分、

一反西宮ノサエモン五郎、一反四条ノコ二郎、一反四条ノ源七、一反四条ノトウ八、一反四条ノ六郎二郎、一反四条ノサエモン二郎、一反四条ノセイ五、」

七反七斗代、四石九斗北円堂南井坊懐秀法師分、

二反西宮ノマツタ井、一反四条ノ十郎、一反四条ノ六郎三郎、三反西宮ノサエモン三郎、」

（22ウ）
二反大」

「（挿入文書）一坪一反ヲク（法花寺奥）石代定使分云々、

二坪五反○ヲク石代 六十歩、 一反定使ハ外也、

三坪八反ヲク

一反ニシ 各九斗代、

以上現作三丁九反半

殘三丁五反半

此内七反川成

奥分四丁二反半

西分六反之内二反川成 四反アリ、

四坪一反ニシ（川成）
五坪七反ヲク九斗代、（川成　二百廿五ト、）此内奥給田二反、
六坪六反ヲク寺門帳二反半、八斗代、
七坪三反ヲク石代、
八坪六反　ヲク但三反ト申、九斗代、
九坪一反ニシ九斗代、
十六坪
十五坪
十四坪
十三坪
十二坪一反ニシ（川成）
二反ニシ
十一坪四反ヲク但一反申、
「十坪二反半ヲク九斗代、一反ヲク給分、七坪トノア井、」

浄照田

（23オ）

浄照田　七町二反半（大）七丁五反イ
八反六斗五升代、五石二斗北円堂弥藏院慶英法師分、「（追筆）一長祐法師」但四反知行云々、
八反六斗五升代、五石二斗北円堂英順得業分、「（追筆）但六反知行云々、二反在之、如何、未補、」
八反六斗五升代、五石二斗北円堂賢英得業分、「（追筆）但六反知行云々、宗信、」
八反六斗五升代、五石二斗北円堂匂〔勾〕當隆舜法眼
二反　　沙汰人給德松丸、

一町二反　極樂坊御寄進田大安寺西在家專阿彌寄進云〻、如何、

（23ウ）
一反半　小塔院御寄進田

六反　北角院覺守法師給、胤舜僧都之闕、覺守一期之間仰付之、十市口入、

三反　弥藏院慶英法師給、英盛之闕、

袖〔柚〕木ツラ
二反　御童子晴若丸給、春晴之闕、

六反大　孝承寺主給、

一反　弥藏院慶英

三反　辰市堀

半　金光院

（24オ）
一反　地藏院

二反　發心院

以上

弥藏院分英盛舜円房、之闕所三反者、慶英香舜房僧都、入滅以後、如元御公納也、佛事方被向之、已心寺納所、或又城土方納所、作職事ハ弥藏院坊ニ付テ、自昔代持之、地主分ハ公方也、近來作職分ニハ三反ヨリ一石分弥藏院ニ上之、其余ハ百姓ト公方ト見立ニ沙汰

也、反錢・反米以下公事ハ、半分公方、半分作職方ト百姓ト沙汰スル也、

（24ウ）

浄照田　永徳元年七月十二日沙汰人源次注進帳

四反ユノ木河ツラ、　三反同、
一反同河ハタ、但佛聖御神樂田、　三反同ユノ木、
一反同、　二反小ユノ木、
二反タカツウシ、　二反同、
一反ハトノ門、斗代六斗五升、公事錢七十二文、　一反定使田、
二反ヲウチノヲカ六斗五升代、　三反ホハ井、此内北ハシ一反六斗五升代、公事七十二文、
一反大安寺ノ神ヒカシ、公事七十二文、　三反ナワカケ、源次田、
一反同、　二反同、
（25オ）小定使ノクリヤ田、　一反小七斗二升代、是定地子、
半　一反チヤウラウシ六斗五升代、公事七十二文、
一反チヤウラウシ六斗五升代、公事七十二文、　二反同、
二反ホワ井、

以上四町半、但沙汰人給二反ニハ公事無、此外ハ七斗二升代也、斗別ニ一合ツヽノカス在之、

同供田方注文

二反　一反河ハタ、
三反　二反
三百歩　半」
（25ウ）
半　一反カラモヽ
半　二反大大安寺、
二反大安寺コシケ、　三反
一反　一反
三反カラモヽ　一反
二反　二反
一反半　一反半

以上三町二反、公事錢反別廿八文ツヽ、

（26オ）
一毎年二月ニ夫賃用途反別ニ三十文ツヽ、在之、十月ニ三十文ツヽ、、合四貫三百三十文歟、
但人夫ヲ被召時ハ」十五文百姓方ニヒカエ申候、

一夫ヲ被召時者、日中物給之候、供僧方二丁四反内ニハ反別長合ノ五升、地子升五升宛口米アリ、又供僧方御免ニヨリテ口米ヲハヒカヘ申入候、勾當田八反ニハ升口地子升ニ五升宛在之、

一反別ニ五合宛ノクリヤ米在之、

一正月晦日ニ小餠五十枚　餠二面　酒四升五合
此内餠五枚給主ノ御方ヨリ沙汰人ノ方ヘ御下行候、
七草ノ時餠五枚同御下行候、

一七月十三日根イモ十六把沙汰申候、

右、注進之狀如件、

永徳元年七月十二日　沙汰人源次判

（26ウ）

淨照田　至德元年六月日注進帳

公方

三百トユノ木河ツラ、四升〻口　半同、二升五合升口

半同、　二升五合升口　一反カラモ、、五升〻口

二反大安寺、
二反ヲウチノヲカ、
二反チヤウラウシ、
一反半同、
一反ハトノ門〃〃〃ノト、ノカ井ト、五升〻口
二反勾當田、五升〻口
一反半同、

合一町四反

給主方

四反ヲチノヲカ、
(27オ)三反ホア井、
二反ナワカケ、
二反小ツクタ、
一反チヤウラウシ、
一反ナワカケ、
一反小テウシクチ、
二反チヤウラウシ、
一反ハトノモン、
二反タカウシ、

合一町九反半

以上

一淨照田庄公事物、沙汰人幷給主注進分

一反別八十八文、此内八文ハ沙汰人給之、八十文ハ公方ニ上之、藏人寺主御給也、

升口米一反別五升宛也、給主藏人徳分也、長講器、

(27ウ)

(追筆)
「文明十四年九月十六日己心寺注進之、

一己心寺知行淨照田之内、三反作字アマタレ大安寺、六郎次郎　一反作同、次郎五郎　一反地字鳩門前、大安寺、六郎三郎　一字花田、反作大安寺、弥五郎　一反作大安寺、春太郎　以上七反　宗賢判」

古木新莊

(28オ)

古木新庄　七町一反小

七反七斗代、四石九斗北円堂覺俊善恩房律師、四十九院、(追筆)「永弘」

七反七斗代、四石九斗北円堂宗秀延恩房僧都、惠心坊、(追筆)「英寛文明十七—融筭得業文明十八—懷禪院教観房」

七反七斗代、四石九斗北円堂英照實淨房、勸修坊、字石原三反・山上四反、(追筆)(應、下同ジ)「明广三　快榮順學房」

七反七斗代、四石九斗北円堂東北院大僧正俊円(追筆)「—東門院僧正孝祐文明十六」

三反　吉備御給

三町　同御給

玉手莊

(29オ)

玉手庄

一町二反斗代不同、　四石五斗北円堂

一町二反斗代不同、　四石五斗北円堂

一町二反斗代不同、　四石五斗北円堂

（30オ）

北円堂供三十口補次第各任析三貫、或二貫、五貫文本

一口専成僧都分　縁秀僧都分　兼雅法印（追筆）「文明十三年五月 ―祐秀院」

一口清寛得業分　定清五師（追筆）「實英得業」

一口宗信僧都分　乗秀律師分　尊謍得業

一口懐尊僧都分（追筆）「御分方此間寛円納所分、―寛尊得業―兼親得業―聡深得業」

一口英憲僧都分（追筆）「文明三 信承―懐藝文明六」

一口胤舜僧都分　懐秀法師

以上古木本庄供衆方沙汰人四条重阿ミ、應仁二年十二月日、

（30ウ）

一口俊實僧都分　寛正元 訓融法師辞分、覺藝法師辞分、寛正五 善寛法師（追筆）「未補、」

一口慶實僧都分　寛乗法師（追筆）「不知行、一切不知云々、仍未補也、」

以上伊豆庄

一口詮英僧都分　(追筆)「▒寛尊得業文明八年十二月筒井律師取申、寛乗法師預申—寛乘法師」

一口重弘法印分　(追筆)「訓淸得業分　英淳得業未補也、—寛盛法師顯順房」文明十四年十一月七日補之、

以上七条庄

一口實意僧正分　英盛法師分　康正三慶英法師　(追筆)「明応三長祐法師」

一口守能法印分　享徳二年癸酉六月十四日入滅、八十七、英順得業未補、供田二反在之云〻、(追筆)「未補淸宣ニアツク」

(31オ)

一口懷實得業分　俊深已講分　寛正元賢英得業　(追筆)「—宗信」

以上淨照田

一口善円法印分　任英得業未補、香覺房申請、(追筆)「—任祐」

一口懷曉律師分　寛正五詮筭法師分　(追筆)「昌懷文明六」

一口淸舜法印分　賢弘法師　(追筆)「淨胤得業」

一口光舜僧都分　(追筆)「法印」(追筆)「文明六年興胤法師　明應七琳尊」

一口泰經法印分　寛正五專嚴得業分未補—「文明十四年補之、淵專法師舜聖房」

一口賢慶法印分　任俊得業分　寛正四兼實法師　東院前大僧正欤、

(31ウ)

一口增秀僧都　(追筆)「丼盛法師」

一口經筭法師　(追筆)「文明三訓英法師」

一口堯爲法師分　長祿三永専法師
一口泰承僧都分　（追筆）「守弘法師」
一口融實法印分　懐円法師　（追筆）「―英懐法師」
以上番条庄
一口丼懐法印分　享徳二覺俊律師　（追筆）「應仁元―永弘法師」
一口尊英法印　宗秀僧都　（追筆）「文明四―英寛―文明十七年融筭得業　文明十八年三月懐禪院」
(32オ)
一口貞兼僧正分　信専得業辞分　寛正元英照法師　（追筆）「明應三欤、―快榮」
一口佛地院僧都俊祐分　東北院大僧正俊円　（追筆）「文明十六―東門院權僧正（孝祐）」
以上古木新庄　以上二十八口
一口
一口
一口
以上玉手庄　以上三十一口加御分、
一口琳専法師分　信専法師辞分　兼實法師辞分　（追筆）「興實法師分　顯融法師」
(32ウ)
一口融専法師分　（追筆）「應仁元―永専法師」

一口胤清法師辞分　慶英法師辞分　堯弘法師「（追筆）成得業處―慶英―祐秀」
以上輪轉衆　上生講田古市在之、迎福寺以下其邊ノ東田・北田・南田六丁六反歟、此内口別一丁五斗代、五升代五石二斗九合五勺余、
一口東常如院分
一口西常如院分（追筆）「…順願大…定信大」
以上預　伊豆庄　各一丁三反大六十ト
一口専清辞　専祐
一口良弘分　良和
以上御承仕　伊豆庄
（33オ）
一口正陣法師
以上花摘　伊豆庄
一口隆舜法眼
以上匂（勾）當　淨照田
一口孝承寺主　賢春法師
以上納所　番条庄
一口徳力法師

一口慶徳法師

以上花摘　七条庄

一口北円堂〻童子給

以上七条庄」

（33ウ）

福嶋市古市、上生講田　六町六反

北円堂供一口一町五斗代、

同　一口一町五斗代、

同　一口一町五斗代、

合十五石九合五勺升、輪轉衆三口方也、

嚴重供之間、門跡反錢無之、相殘三丁六反之內、六反ハ下司給古市、三町ハ北円堂領、

此堂則在古市、今迎福寺也、上生講田之內也、」

（34オ）

（追筆）「古木新庄雪別所、覺俊律師（宗秀僧都）知行分　七反七斗代定、寛正六年四月八日注進、

一反百姓観音院　一反多聞院　一反次郎三郎　一反藤太郎　一反憐　一反円道　一反

三郎五郎

淨照田賢英得業、八反也、但六反當知行云々、同九月注進、

辰市一反衛門四郎　一反清三郎　大安寺一反彦次郎　一反五郎太郎　一反宿物若狹

古木新庄雪別所、英照知行分　七反七斗代、同十日注進、

石原反三反九品院作　山上四反發心院作、去年申歳自越智百反錢懸之、毎年毛見任雅

意反別二斗計ニ請之云々、

古木新庄東北（後圓）院大僧正知行分　七反七斗代、同五月二日注進、

ヤナ井田三反カシアテ淨蓮　二反西宮出垣内源太郎　二反西宮助太郎

古木新庄四十九院永弘知行分　七反

三反各七斗代、西宮彦太郎　二反各七斗代、字ミヲロシ、カシアテ一反神田左衛門五郎、一反円淨、　同一反七斗代、左近三郎

同一反七斗代、四郎五郎

（35オ）

北円堂懃行間事

一番々五人供僧悉被　參時、可被致精誠懃行、若於不參之仁者、二ケ月可被置輪轉事、

一於自今以後者、辰貝以前可被參懃、若過辰貝者、可有其科事、

一著到尓本衆之躰可被書付代官名事、

右、當御堂懃行近日有名無實之由被聞召、可被守此等条之旨可被仰也、仍注子細之状如件、

建治二年十二月　日

○五紙白紙、

（41オ）

（中扉）

東御塔供田補任

大乗院

（41ウ）

東御塔供補任ハ杉原折紙也、堂家方御承仕ニ給之、著付衣・表袴持向之、腰著五十疋下」
行之、

東御塔供

某得業（實名）、某法印之闕所、

年号　月　日」

○一紙白紙、

（43ウ）

春日東御塔供田里坪付等長日御祈禱結番

一番自一日至三日、講師唯識論一巻、問者大般若二巻、

權少僧都覺藝

『●』興田庄城下郡東十八条三里廿九坪五反東、

『●』坂手庄城下郡東十七条一里廿九坪五反南、

大法師弁豪

『●●』味間庄十〇（市）郡東十九条一里廿八坪五反東、

『●●』坂手庄城下郡東十七里ヒ（条）一里廿一坪五反北、」

（44オ）

二番自四日至六日、

権大僧都定玄

『⁝』味間庄城下郡東十八条二里八坪五反西、

『⁝』坂手庄城下郡東十七条二(一欤)里九坪五反北、

権少僧都公縁

『•』興田庄城下郡東十八条三里廿九坪五反西、

『一』坂手庄城下郡東十七条一里十九坪五反南、

三番自七日至九日、

（44ウ）

権少僧都円經

『二』味間庄十市郡東十九条二里十四坪五反西、

『一』坂手庄城下郡東十七条一里十九坪五反北、

範信

『三』味間庄十市郡東十九条二里十五坪五反西、

『四』坂手庄城下郡東十七条一里九坪五反南、

四番自十日至十二日、

（45オ）

法印権大僧都信豪

『二』味間庄十市郡東十九条二里十四坪五反東、
『○』坂手庄城下郡東十七条一里廿坪五反南、

大法師經円
『▽』舞庄城下郡東十五条二里卅一坪五反北、
『↓』坂手庄城下郡東十七条一里廿七坪五反東、

五番自十三日至十五日、

（45ウ）

權大僧都親縁
『三』味間庄十市郡東十九条二里十五坪五反東、
『φ』坂手庄城下郡東十七条一里十一坪五反南、

大法師融弁
『丫』味間庄十市郡東十九条二里十坪五反南、
『φ』坂手庄城下郡東十七条一里十一坪五反北、

六番自十六日至十八日、

（46オ）

權大僧都覺遍
『〣』味間庄城下郡東十八条二里八坪五反東、

『○』坂手庄城下郡東十七条一里廿（十九歟）坪五反北、

大法師昌俊

『大』舞庄城下郡東十四条三里一坪五反西、

『小』坂手庄城下郡東十七条一里廿六坪五反西、

（46ウ）

大法師良諶

七番自十九日至廿一日、

『十』味間庄城下郡東十八条二里五坪五反東、

『•』坂手庄城下郡東十七条一里廿九坪五反北、

長盛

『丫』味間庄十市郡東十九条二里十坪五反北、

『:』坂手庄城下郡東十七条一里廿一坪五反南、

（47オ）

八番自廿二日至廿四日、

權大僧都円玄

『八』味間庄十市郡東十九条二里十一坪五反西、

『九』坂手庄城下郡東十七条一里四坪五反北、

大法師長忠
『春』
味間庄城下郡東十八条二里七坪五反西、
『山』
坂手庄城下郡東十八条一里十二坪五反南、

九番自廿五日至廿七日、

（47ウ）

大法師英弘
『川』
味間庄城下郡東十八条二里一坪五反東、
『七』
坂手庄城下郡東十八条一里十一坪五反北、

訓暁
『十』
味間庄城下郡東十八条二里五坪五反西、
『九』
坂手庄城下郡東十七条一里四坪五反南、

十番自廿八日至卅日、

（48オ）

権少僧都教信
『八』
味間庄十市郡東十九条二里十一坪五反東、
『↓』
坂手庄城下郡東十七条一里廿七坪五反西、

権律師憲円

『田』味間庄十市郡東十七条一里廿八坪五反西、
『小』坂手庄城下郡東十七条一里廿六坪五反東、

合二十町

（48ウ）

承仕二口

東金堂長賢玄月房大　西金堂隆詮隆文房大、

興田庄城下郡東十八条三里七坪一町各五反歟、

燈油佛聖田

秦樂寺十市郡西十七条一里八坪一町字中町、

同条里　十七坪　一町字高子、地主卉山眞蓮房、

同条里　五坪　一反字北鷹生、地主弥藤太、

同条里　六坪　一反字南鷹生、地主來迎院尼、

（49オ）

城下郡西十五条四里十五坪一町地主了円房・賢修房各五反、

合三町二反段別一斗代、負所承仕納之、但延會所斗四石八斗、御佛聖每月三斗・油一升、

一每日尺迦供養法幷舍利講一座事

一番自一日至十日、

弁勝榮教房、三輪故慶円上人時代、

味間庄十市郡東十九条一里九坪一町

二番自十一日至廿日、

有円識乘房阿闍梨、苻山、

味間庄十市郡東廿条一里十一坪一町

（49ウ）

三番自廿一日至卅日、

円通識文房、什円舜順房、行円慶見房、以上信貴山

味間庄十市郡東廿七条二里廿六坪一町

以上三町

舍利預二口

隆詮隆文房、永詮藏薗房、

依所當不足、被加葛上三反之由、承仕隆詮申之、坪付等追可令注進、

燈油佛聖田

（50オ）

葛上在之云〻、条里坪付等追可令注進、

般若會預二口　東金堂信恩財龍房大、　西金堂宗允隆乗房大、
下所司二口　權専當淨仁　實暹
主典六人　武末　宗吉　末貞　是末　國貞　助國
御社院三十講承仕但御藏預、　西實賢行集房大、　西永智集文房大、
御塔宿直粁、　葛上在之云〻、　条里坪付等追可令注進、
右、注進之狀如件、
貞應二年五月十七日　都維那範嚴」

(51オ)
◌東御塔供補任次第二十口分各任粁五貫文、
一口善円法印分 南井坊一﨟法印　詮英僧都分 蓮花院　寛尊得業分 (追筆)「蓮花院　大轉經院 文明八年十二月十八日入滅、　大納言得業兼親─大法師聡深」」
(51ウ)
一口尊英法印分 光林院本願　宗秀僧都分─英寛─融筭─懐禪 弥藏院　惠心坊 (追筆)「文明四・二月　文明十七　文明十八〔年〕三月」」
(52オ)
一口重實得業分 中將得業　胤舜僧都分 北角院　懐秀法師 享德三　淨名院」

(52ウ)
一口宗信僧都分東轉經院　乗秀律師分窪院　大納言得業尊譽東林院僧正、寛正五
五反田原本ニ在之、四斗五升代、寛正六年記之、
二反ハ田原本ノ助油屋、
二反ハ田原本ノ西方院
一反ハ十市ノ左近次郎
五反八条ニ在之、四斗五升代、字井テノツホ、
二反ハ八条ノ五郎
一反ハ八条ノ衞門太郎
一反ハ八条ノ順道
一反ハ八条ノ左近次郎十市ト両所合二反作之、

(53オ)
七月瓜粁足反別十八文
供衆面替反別百文
年貢持夫食五合(×合)下行之、

(54オ)
一口重弘法印分五大院一﨟法印、　訓清得業分　兼實法師康正二 地福院　(追筆)「東院前大僧正歟、」

（54ウ）
一口大納言僧都俊祐分〈孝俊僧正闕分、〉　東北院大僧正俊円　「（追筆）文明十六年（孝祐）―東門院權僧正」

（55オ）
一口訓營五師分〈柚坊　淨ルリ院〉　懐實得業分〈發心院〉　俊深得業分〈奥轉經院　享德三・二・十七〉　經筭法師分〈修行院　寛正元〉　訓英法師〈「（追筆）妙德院　文明三」〉

（55ウ）
一口清寛得業分〈奥發志院〉　定清已講〈大轉經院・發心院　宝德四・二・六〉　「（追筆）千手院　―實英法師」

（56オ）
一口松林院僧正貞兼分　信專得業辞分　永專法師〈寛正元・十二・晦〉

（56ウ）
一口大納言法印守能分〈禪光院　享德二年癸酉六月十四日入滅、八十七、〉　英順得業〈持宝院　享德二・七・二〉　「（追筆）文明十三・正月十七日補之、―顯融院」

（57オ）
一口法雲院僧正實意分　中納言法印兼雅〈享德三〉　「（追筆）文明十三年五月　―祐秀院」

（57ウ）
一口縁秀僧都分〈東湯屋坊　大輕經院　ヽヽヽ〉　英暹得業〈光林院　康正元・九〉　「（追筆）八反知行云々、　宗藝僧都〈明應五・六・十三日〉」

（58オ）
一口融實法印分大轉經院　懷円法師常光院
」

（58ウ）
一口光舜僧都分持法院「法印」（追筆）　興胤法師—琳尊「文明六年（追筆）明應七年」
」

（59オ）
一口清舜法印分阿ミタ院　賢弘法師—宗玄法師長祿四・正 聖賢院「明應五年七月」（追筆）

五反八条方
一反七斗代左近太郎フカタ自西五反目　一反同巡作同
一反同六郎同八条　一反同助三郎同
一反同堂方
以上、依未進▒賢弘注進、
」

五反
」

（59ウ）
一口胤弘僧都分　𦬇懐法印分文安二・二・十三常光院 窪坊　英盛法師分　慶英法師—長祐法師康正三「明應三」（追筆）
」

（60オ）
一口賢慶法印分法輪院本願　大納言得業任俊辞分長祿四・六　貞海法師—清宣院寛正五 北角院「文明十五・八月四日」（追筆）
」

（60ウ）
一口傳法院泰經法印分　寛正五窪坊任英得業（追筆）「未補、香覺房申、――任祐」

（61オ）
一口井坊、今賢聖院懷尊僧都分　寛正四英照法師（追筆）「明応三快榮」

（61ウ）
一口傳法院泰承僧都分　（追筆）「孝心房上人詮筭法師　掌善院昌懐法師文明六」

承仕二口　兼預識各任析一貫文、

（62オ）
一口窪轉經院專源大分　上松院賴清大覺順房

（62ウ）
一口宝性院定増大分　窪轉經院榮清大春円房

以上承仕二口者、興田庄之內、城下郡東十八条三里七坪一町

葛上郡三反

燈油佛聖田之內、十市郡分二町二反、負所米二石二斗者、

承仕弥勒院　傳上北面明善房、又明善傳後室空円之母、
仍正月東御塔所〻講所出之、雖傳之私悉以奉公輩御恩地也、」

大乗院供僧

（63オ）

◌大乗院供僧

楊本庄之内、十四丁二反三百十歩地子
　二十五石供僧方、　四石五合納所分、本五石、
出雲庄百二十石御米内
　六石供僧方、　一石二斗納所交分、
倉庄御米内
　八石九斗此内交分一石四斗、
大市庄御米内
　本十二石二斗三升、
　八石四斗七升八合四勺　九斗七升八合四勺納所交分、
池尻庄御米内
　本七石、
　一石二斗二升四合　二斗二升四合納所交分、
上總庄三石六斗本四石、　楠本庄七石此内四斗交分、」

（63ウ）
同納所補任次第、近來分　各補任析十貫文
「〻」光林院法印尊英…井坊僧都懷尊…惠心坊僧都宗秀（追筆）「訓英任析二十貫致其沙汰」

同供僧補任次第、近來分　各任析五貫文
「〻」傳法院法印泰經…珎藏院慶英—祐秀（追筆）「明广三」
「〻」井坊僧都懷尊…觀音院宗乘…發心院宜胤…妙德院訓英
「〻」窪坊英盛…發心院擬講定清（追筆）「—英寛—清定得業」民ア卿
「〻」井坊法印善円…淨瑠璃院五師有円…安養院經算（追筆）「—昌懷」
「〻」傳法院法印泰承…井坊興弘（追筆）「—玄順院明广五・十二月」
（64オ）
「〻」光林院法印尊英…惠心坊僧都宗秀（追筆）「—英善—顯融」

◌同三昧供僧都　任析五貫文
河合庄五反「〻」願松大…覺順大寛正三（追筆）延德二「—行乘大」
河合庄五反「〻」順願大…春円大長祿三（追筆）明應三「—專乘房延清」

河合庄宮森云〻、
〃神殿庄五反『〻』良源律師　忍舜房申云〻、
草川
〃神殿庄五反『〻』良松大「（追筆）―榮禪房―祐弘長春房」
（追筆）文明八年　明广七・十・二日
草川
〃神殿庄五反『〻』定顯大「―懃宗大延德二・十二月廿九日補」
（追筆）「延德二年十二月三日□」上松院　三貫□
（實慶）
河合庄宮森云〻、
〃神殿庄五反『〻』舜円大「―円信房玄淸也、井上子」
（追筆）明應六・八・廿七

（64ウ）

○同御留守供
六斗代
越田尻庄一丁三反『〻』傳法院泰經　「（追筆）同院信承　訓英」
八斗代三反、六斗代九反、
越田尻庄一丁二反『〻』傳法院泰承「（追筆）―英寛―覺胤文明十七淸宣得業延德四・卯月廿日」
越田尻庄一丁四反『〻』觀音院乘緣舜學房律師、　「（追筆）宗乘信承仙觀房　〃〃訓英」

○龍花院御留守供任析十貫文、

高田庄『〻』五大院法印重弘…光林院英暹…東院定秀「（追筆）―了憲」

（65オ）

○天野供天野尼公寄進春日社也、仍号天野供也、東北院之大坊ニ申合寄附云〻、大乘院知行也、納所爲別相傳云〻、

一丁二反四反切、
納所源英僧都（追筆）「一丁二反四反切知行、加承仕分定、」

供僧　各任析三貫文、

一町七反半云〻、
『〻』泰經法印…寛尊（追筆）「—英善七反半知行、宗玄」文明八

一町九反云〻、
『〻』清寛得業…英盛…慶英——任祐」康正三「九反知行、明广三

一町八反云〻、
『〻』泰承法印「—訓英八反知行」（追筆）文明元

一町七反半法印
『〻』光舜僧都　泰舜七反半知行、泰印院」「文明六年　明應六年

一町六反半云〻、
『〻』乘秀律師…堯弘得業（追筆）「六反半知行」

一町一丁四反八反切寛正四（追筆）
『〻』懷尊僧都…經筭「—興弘——清宣得業」一丁四反八反切知行、文明五

以上供衆、於若宮殿御所大般若經讀之、納所以廻請申催者也、

（65ウ）

長祿二年供衆等當知行分注進之、

乘秀分一反半蓮池、一反カウコツクリ、半不動堂以上小林方、一反田中ノカヒト道正カアト、一反半不動堂八郎、一反不動堂七郎、

慶英分四反半東ウラ、一反八坪以上道阿ミ、今コウ、一反岸ノウラ衛門九郎、同、二反半五坪八郎大カ井ト、

（×▒）
・光舜分一反刑ア太郎、二反道正カアト、一反源次、一反衛門九郎、一反源次郎、一反源五郎、半六郎次郎、

泰承分五反半衛門九郎、一反堂坊主、一反清實、半堯出房、

懐尊分一反ハタンノツカ、一反スミタ、一反五坪、三反切エチセン名、一反五坪、一反不動堂、
一反彦次郎カカイト、五反松カ坪、五反切キツ子ツカ、三反切畠、七反切、二反八井トヒ、
寛尊分三反半大垣内九郎次郎、一反半同衛門大郎、半井マコウ戌亥坊、一反同源五郎、
一反同藤五郎、
納所分一反出口源次、二反松のツホ同、一反キトロ源五郎、一反八カツホ同、一反松カツホ衛門九郎、
一反蓮池、惣、一反五坪、西道、一反松カ坪衛門九郎、半同同、半スミタ道阿ミ、
七反切蓮池西道、七反切福阿ミ、一反別當田承仕給也、
合六丁五反二百五十二歩歟、

（66オ）

○北室馬道以東第一・第二坊慈心藏〻司田任析三貫文、

小路庄内一町七斗代、

第一坊
⊙光舜僧都　（追筆）「文明六　信專律師　延徳二二貫進之、　寛乘律師」

第二坊
⊙賢慶僧都……定清五師　長祿四　（追筆）「了憲但訓英持之、」

○北室馬道以西第七坊・第八坊任析一貫文、

第七坊
⊙隆尊……融專……融筭（追筆）「文明十八・九・十　―興尊―永專」

第八坊
⊙任英得業（追筆）「―泰尊―胤舜信禪房　明応四・七・十九　琳尊」

（66ウ）

○撲揚講讀師供

出雲庄一町

⊙英盛…懷曉律師…寛正五慶英―（追筆）「明応三任祐」

◌大發志院供

納所修正方　一反海智庄　一反横田庄　一反白土庄惣横田方一丁二反云々、

良清大

供僧方　海智庄一丁口別二反、　承仕方横田庄三反

信承

（67オ）

東一条院御願
◌東金堂塔供　供析攝州武庫庄預所松林院任析各二貫文、二十六丁二反云々、

⊙泰經法印…賢英已講　二十六丁二反内、十七丁三反ハ給主方、代官大田、二十五貫文ニ請申云々、

⊙懷尊僧都…定清已講　八丁九反、号菖原名御塔供、（ヌ▒）代官吹田十四石ニ請申云々、

⊙泰承法印　此十四石ヲ四口ニ配分、三口供衆、一口納所（ヌ方）加承仕方、三石五斗宛也、

◌東金堂報恩講預　南喜殿庄

浄如院
『〻』舜専大

○二階堂修正預

『〻』順願大…祐了大…春円大

(67ウ)

○大乗院知院事六口、

百六十石之内
若槻庄八石四斗八升『〻』慶乗専當二口也、

一丁一反
新木庄六石三斗八升『〻』慶舜専當…慶忍専當二口也、

一丁三反大六十ト
伊豆庄　『〻』玄慶専當…慶禪二口也、

一　一切經納所[花押]

應安五年十月一日兼增民ア卿僧都、北戒壇院住五師也、七十七歳、入滅了、仍一切經納所職事英豪順忍房擬講ニ補之、

英豪本職勅願納所辞退申入了、則勅願納所懷繼源眞房得業ニ補之、各十月七日事也、

○院入十講納所任析三貫文、

院入庄御米内七石

⊙尊英法印…泰承法印「(追筆)―慶英院―任祐明广三」

（68オ）

◌長屋大般若納所任料十貫文、

⊙尊英法印…英暹得業—宗藝僧都（追筆）「明應五・六・十三日任、」

◌一切經納所任料百二十貫、奉行分五貫、使三貫、

⊙泰經法印…訓營五師…尊英法印…清寛得業…詮英僧都
文安二・六・廿七　文安四・七・六　七月二日訓營之闕分　寶德四・二・一任、八日辭退、
補之、寶德二年二月日

英筭僧都…寛尊大僧都…興弘五師…興胤擬講
同十三月任、（追筆）「文明四年正月　文明八年十二月廿一日　明應五

興胤擬講—昌懷律師—宗玄明禪房五師—弘賀學明房五師—興藝學乘得業　性恩房泰穩」
明應五年七月　同七年

◌勅願御講納所任料五十貫、或三十五貫文、

⊙尊英法印…懷實得業…宗秀僧都…俊深得業…宗秀僧都…興弘得業…訓英
文安四・六月日　享德三・正・十一、但任料、同二月十七（日）　寛正二・二月日　文明八・十二・廿
七月六日　計略無之間辭之、
（追筆）「于時學道中臈年四十八、戒卅二、文明四　戒二十二、年卅七、于時學道中臈」

（68ウ）

◌新供納所

⊙尊英法印…緣舜僧都…懷曉律師（追筆）「慶英　興胤」
爲供衆申付之、

◌准一切經

◉憲清…円弘…尭弘「（追筆）杉坊舜覺 ―重弘」

◌一切經惣藏司 任析五貫文、

◉尊英法印…泰經法印（宝德二・二月日）…宗秀僧都（宝德四・正月）「（追筆）―專嚴得業―訓英」

◌一切經承仕五口 各任析十貫文、

（69オ）

◌內山金剛乘院供六口 各任析十貫文、知院方五貫文、使五百文、良家・西座ハ不進上、

應永十七年四月記云、

惣藏司　舜慶僧都―顯專僧都（良縁房）

一切經納所　良繼僧都―舜慶僧都

大乘院納所　良繼僧都—良觀房擬講

昭和五十六年九月二十一日 印刷
昭和五十六年九月三十日 発行

史料纂集
三箇院家抄 第一

校訂 小泉宜右
海老沢美基

発行者 太田ぜん
製版所 続群書類従完成会製版部
印刷所 株式会社平文社
東京都豊島区北大塚二丁目三三番二〇号
発行所 株式会社 続群書類従完成会
東京都豊島区北大塚一丁目一四番六号
電話＝東京(915)五六二一七 振替＝東京二─六二六〇七

三箇院家抄 第1　　史料纂集 古記録編〔第61回配本〕
〔オンデマンド版〕

2014年1月30日　初版第一刷発行　　定価（本体9,000円＋税）

校訂　小泉宣右
　　　海老澤美基

発行所　株式会社　八木書店 古書出版部
　　　　代表 八木乾二
〒101-0052 東京都千代田区神田小川町3-8
電話 03-3291-2969(編集) -6300(FAX)

発売元　株式会社　八木書店
〒101-0052 東京都千代田区神田小川町3-8
電話 03-3291-2961(営業) -6300(FAX)
http://www.books-yagi.co.jp/pub/
E-mail pub@books-yagi.co.jp

印刷・製本　(株)デジタルパブリッシングサービス

ISBN978-4-8406-3300-0　　AI335